DE LA

RESPONSABILITÉ

DES MINISTRES;

PAR M. BENJAMIN DE CONSTANT.

DE L'IMPRIMERIE DE A. BELIN.

PARIS,

H. NICOLLE, A LA LIBRAIRIE STÉRÉOTYPE,

RUE DE SEINE, N°. 12.

M. DCCC. XV.

DE LA RESPONSABILITÉ

DES

MINISTRES.

CHAPITRE I.

Définition exacte de la Responsabilité.

La responsabilité des Ministres est la condition indispensable de toute monarchie constitutionnelle. C'est cette responsabilité, qui place le Roi dans une sphère à part, au-dessus de toutes les agitations du Gouvernement proprement dit. En distinguant entre le pouvoir royal et le pouvoir exécutif ou ministériel, elle fait du premier une autorité neutre et préservatrice, qui départage les pouvoirs actifs en cas de dissentiment, et qui, demeurant toujours calme, parce qu'elle n'est jamais compromise, rétablit le repos, en faisant cesser les luttes, et l'action, en écartant les obstacles.

Mais qu'est-ce précisément que la responsabilité? quelle est sa sphère? quelles sont ses bornes? sur quels délits des Ministres s'étend sa compétence? et quels délits ne sont pas de son ressort?

Porte-t-elle sur les actes illégaux, c'est-à-dire sur l'usurpation et l'exercice d'une puissance que la loi ne confère pas, ou ne porte-t-elle que sur le mauvais usage de la puissance que la loi confère et sur les actes qu'elle autorise?

Si la responsabilité portoit sur les actes illégaux, il s'ensuivroit que tous les délits privés des Ministres rentreroient dans la sphère de la responsabilité. Il faudroit une accusation intentée par les assemblées représentatives, pour punir l'homicide, le rapt ou tel autre crime, bien que ce crime n'eût aucun rapport avec les fonctions ministérielles. Cette hypothèse est trop absurde pour nous arrêter.

Mais si la responsabilité ne porte que sur le mauvais usage d'un pouvoir autorisé par la loi, il en résulte que plusieurs des délits que nous considérons en France, comme du ressort de la responsabilité, sont des délits privés, pour lesquels les Ministres ne doivent pas être distingués du reste des citoyens.

Pour tout ce qui est hors des fonctions ministérielles, les Ministres ne sont pas responsables, mais soumis à la justice ordinaire, comme tout autre individu. Or, tous les actes illégaux sont hors des fonctions ministérielles. Car les fonctions ministérielles ne confèrent qu'un pouvoir légal.

Hâtons-nous de prouver que c'est ainsi que la responsabilité se conçoit en Angleterre : et prenons pour exemple une des parties de la Constitution anglaise que nous connoissons le mieux, l'*habeas corpus*.

Quand l'*habeas corpus* n'est pas suspendu, un Ministre qui se permet un acte contraire à ce boulevard de la liberté, n'est pas responsable comme Ministre, c'est-à-dire, il n'est pas nécessaire que les représentans de la nation l'attaquent. Coupable envers la loi, il est justiciable des tribunaux ordinaires, devant lesquels l'individu lésé ou ses ayant-cause peuvent le traduire. Mais un Ministre qui se permet un acte contraire à l'*habeas corpus*, quand l'*habeas corpus* est suspendu, n'est pas justiciable devant les tribunaux, et ne peut être poursuivi par l'individu lésé : car il n'a fait qu'user d'un pouvoir autorisé par la loi. Il est responsable, devant les représentans de la nation, de l'emploi du pouvoir légal qui lui a été confié. Ils peuvent lui demander compte de l'usage qu'il a fait de ce pouvoir, et l'accuser, si cet usage leur paroît avoir été préjudiciable ou seulement inutile (1).

Ainsi, lorsqu'en 1763, les Ministres se permirent des actes arbitraires contre M. Wilkes, il les traduisit devant les tribunaux ainsi que leurs agens; et les tribunaux les condamnèrent à des amendes considérables. Il ne fut question ni de responsabilité, ni d'accusation par la Chambre des Communes, ni de jugement par la Chambre des Pairs. C'est que les vexations dont se plaignoit M. Wilkes n'étoient point le mauvais usage d'un pouvoir légal, mais l'exercice non autorisé d'une force illégitime. Les actes arbitraires des Ministres

---

(1) Puisque je parle ici de la suspension de l'*habeas corpus*, je crois devoir rappeler à mes lecteurs que cette suspension a été révoquée depuis long-temps, et que l'*habeas corpus* est dans toute sa vigueur en Angleterre. L'énoncé de ce fait est d'autant plus nécessaire que beaucoup de français sont convaincus que la suspension de l'*habeas corpus* continue, et si je ne me trompe, l'on a employé cet argument dans la discussion sur la liberté de la presse. L'*habeas corpus* n'est plus suspendu, les anglais ont rendu à la liberté individuelle toutes ses garanties depuis plusieurs années : ils les lui ont rendues, au milieu de la guerre, quand la puissance de l'ennemi du monde paroissoit inébranlable, quand le système continental isoloit du reste de l'Europe la seule nation qui osât lui résister, quand toutes les agitations intérieures et extérieures sembloient se réunir,

furent donc envisagés comme des délits privés, et les Ministres jugés comme des hommes privés.

Au contraire, durant toute l'époque de la suspension de l'*habeas corpus*, ceux qui reprochaient aux Ministres des arrestations ou des détentions injustes, ne parloient point de les poursuivre devant les tribunaux, mais de les accuser devant la Chambre haute. C'est que ces arrestations et ces détentions étant permises par la loi, n'étoient plus l'exercice non autorisé d'une force illégitime, mais l'usage d'un pouvoir légal : et pour décider si cet usage avoit été bon ou

---

pour appeler des mesures extraordinaires. Le ministère lui-même a reconnu que, pour surmonter ces difficultés, pour apaiser ces agitations, ce qu'il falloit, c'étoit la sécurité qu'inspire à l'homme la protection assurée des lois; que les citoyens défendoient d'autant mieux leur patrie, qu'elle leur donnoit plus complètement cette sauve-garde, et que l'avantage précaire et passager des précautions ombrageuses et inconstitutionnelles ne compensoit jamais l'inconvénient de décourager le sentiment national et de mêler à la haine contre l'ennemi la défiance envers le Gouvernement. C'est une sage et magnanime politique, que celle qui accorde aux peuples l'entière jouissance de leur liberté légale! Les peuples sentent qu'ils doivent la mériter par la loyauté et par l'énergie : et ils se montrent calmes au dedans et courageux au dehors.

mauvais, il falloit d'autres formes, d'autres juges.

Dans l'affaire de M. Wilkes, les Ministres, agissant contre la loi, étoient justiciables, comme des coupables ordinaires. Mais s'ils avoient pu motiver leurs actes sur une loi, ils n'auroient plus été que responsables, comme des fonctionnaires publics.

L'expression même de responsabilité indique cette distinction. Si je confie à un homme la gestion de ma fortune, et qu'il abuse de ma confiance, pour faire des opérations évidemment contraires à mes volontés et à mes intérêts, il en est responsable : mais si ce même homme force mon coffre-fort pour m'enlever une somme que je ne lui aurois pas confiée, on ne dira pas qu'il est responsable comme mon agent, mais il sera punissable pour atteinte portée à ma propriété. Dans le premier cas, il auroit abusé d'une autorisation légale que je lui aurois donnée ; et la responsabilité s'ensuivroit. Dans la seconde hypothèse, il auroit agi sans autorisation, et son délit n'auroit rien de commun avec la responsabilité.

CHAPITRE II.

Sagesse de la Charte constitutionnelle relativement à la Responsabilité.

Si l'on conçoit bien la distinction que nous venons d'établir, l'on verra que notre Charte constitutionnelle, dans laquelle des esprits bien intentionnés, mais ombrageux, ont cru découvrir une lacune effrayante, a été au contraire d'une sagesse admirable. Elle dit que les Ministres ne pourront être accusés par la Chambre des Députés que pour fait de trahison et de concussion. C'est qu'en effet la trahison qui comprend la mauvaise direction de la guerre, la mauvaise direction des négociations à l'extérieur, l'introduction d'un système de formes judiciaires, destructives de l'indépendance des juges ou des jurés, et toutes les autres mesures générales, préjudiciables à l'Etat; et la concussion, qui implique le mauvais emploi des deniers publics, sont les deux seuls crimes qui soient dans la sphère de la responsabilité, parce que ce sont les deux seuls par lesquels les Ministres puissent prévariquer comme Ministres, c'est-à-dire en mésusant du pouvoir que la loi leur a transmis. Dans les actes illégaux, comme ils ne tiennent aucun pouvoir de la loi, ce n'est pas comme Ministres qu'ils pèchent : ils sont des individus coupables, et doivent être traités comme tels.

Il est clair que l'intention de la Charte, en prononçant que les Ministres ne pourront être accusés par la Chambre des Députés que pour concussion et trahison, a été qu'ils pussent être poursuivis devant les Tribunaux ordinaires pour tous les autres crimes, par les individus que ces crimes auroient lésés (1). L'extravagance de la supposition contraire le prouve de reste.

---

(1) Il est impossible de donner une autre interprétation aux articles 55 et 56 de la Charte constitutionnelle. La Chambre des Députés, dit l'article 55, a le droit d'accuser les Ministres, et de les traduire devant la Chambre des Pairs, qui seule a le droit de les juger. Ils ne peuvent être accusés, dit l'article 56, que pour trahison et concussion. Si l'on en tiroit l'induction que les Ministres ne peuvent être accusés que par la Chambre des Députés, comme elle ne peut les accuser que pour concussion et pour trahison, il s'ensuivroit que pour tout autre crime ils ne pourroient point être accusés.

Si un Ministre, dans un accès de passion, enlevoit une femme, ou si, dans un accès de colère, il tuoit un homme, prétendroit-on, parce que la Charte dit que les Ministres ne pourront être accusés que pour concussion et pour trahison, que le Ministre coupable de rapt ou de meurtre ne pourroit pas être poursuivi ? Non, sans doute : mais les auteurs de la Charte ont senti que, dans ce cas, le coupable n'ayant pas agi en sa qualité de Ministre, il ne devoit pas être accusé comme tel, d'une manière particulière, mais subir, comme violateur des lois communes, les poursuites auxquelles son crime est soumis par les lois communes, dans les formes prescrites par elles, et devant les Tribunaux ordinaires.

Or, il en est de tous les actes que la loi réprouve, comme de l'enlèvement et de l'homicide. Un Ministre, qui attente illégalement à la liberté ou à la propriété d'un citoyen, ne pèche pas comme Ministre : car aucune de ses attributions ministérielles ne lui donne le droit d'attenter illégalement à la liberté ou à la propriété d'un individu. Ces attributions peuvent, dans certains cas, lui donner le droit d'y porter atteinte légalement, comme, par exemple, en Angleterre, lorsque l'*habeas corpus* est suspendu, ainsi que nous l'avons dit plus haut. Alors, si l'usage qu'il fait de ce pouvoir légal est mauvais ou inutile, il est responsable. Mais quand l'atteinte qu'il porte à la liberté est illégale, il rentre dans la classe des autres coupables, et doit être poursuivi et puni comme eux.

Il faut remarquer qu'il dépend de chacun de nous d'attenter à la liberté individuelle. Ce n'est point un privilége particulier aux Ministres. Je puis, si je veux, soudoyer quatre hommes pour attendre mon ennemi au coin d'une rue, et l'entraîner dans quelque réduit obscur, où je le tienne renfermé, à l'insu de tout le monde. Le Ministre qui fait enlever un citoyen, sans y être autorisé par la loi, commet le même crime. Sa qualité de Ministre est étrangère à cet acte, et n'en change point la nature. Car, encore une fois, cette qualité ne lui donnant pas le droit de faire arrêter les citoyens, au mépris de la loi et contre ses dispositions formelles, le délit qu'il commet rentre dans la même classe que l'homicide, le rapt, ou tout autre crime privé.

Sans doute, la puissance légitime du Ministre lui facilite les moyens de commettre des actes illégitimes. Mais cet emploi de sa puissance n'est qu'un délit de plus. C'est comme si un individu forgeoit une nomination de Ministre, pour en imposer à ses agens. Cet individu supposeroit une mission, et s'arrogeroit un pouvoir dont il ne seroit pas investi. Le Ministre qui ordonne un acte illégal, se prétend de même revêtu d'une autorité qui ne lui a pas été conférée.

Il faut donc rendre hommage à la sage prévoyance et à l'équité de notre Charte, qui a laissé à chacun le libre exercice de ses droits, et le soin de sa défense. Si elle eut confié la garde de la liberté individuelle aux Chambres représentatives, elle auroit mis la liberté et la sûreté des citoyens à la merci de la négligence, de la corruption, ou de la servilité possible de ces assemblées; et ces deux biens inappréciables, pour lesquels l'homme a institué l'état social, auroient été menacés et compromis par la coalition, toujours à craindre, du pouvoir représentatif et de l'autorité ministérielle.

Ce n'est pas, assurément, que les Représentans de la nation n'aient le droit et le devoir de s'élever contre les atteintes que les Ministres peuvent porter à la liberté, si les citoyens qui en sont victimes n'osent faire entendre leurs réclamations. Mais les dénonciations qui, dans ce cas, partiront de la tribune, n'auront pas pour résultat la mise en accusation du Ministre prévaricateur devant la Chambre des Pairs. Elles seront un avertissement aux opprimés qu'on veille pour eux, et aux Tribunaux ordinaires, une invitation de poursuivre les perturbateurs de la paix publique, perturbateurs d'autant plus coupables, qu'ils tournent contre elle un pouvoir qu'ils avoient reçu pour la préserver.

CHAPITRE III.

Avantages de cette définition de la Responsabilité, pour les mesures à prendre envers les agens subalternes de l'autorité.

Nous trouvons dans cette définition exacte de la responsabilité la solution d'un problême qui, jusqu'à présent, a paru insoluble. Les agens inférieurs doivent-ils être considérés comme responsables? Si vous étendez la responsabilité aux actes illégaux, vous ne pouvez refuser de résoudre cette question par l'affirmative. La négative anéantiroit toutes les garanties de la sécurité individuelle. Si vous ne punissiez que le Ministre qui donne un ordre illégal, et non les agens qui l'exécutent, vous placeriez la réparation si haut que souvent on ne pourroit l'atteindre. Ce seroit comme si vous prescriviez à un homme attaqué par un autre de ne diriger ses coups que sur la tête et non sur le bras de son agresseur, sous le prétexte que le bras n'est qu'un instrument aveugle, et que dans la tête est la volonté et par conséquent le crime. Mais si, de la nécessité de soumettre de la sorte les agens inférieurs à des châtimens, quand ils exécutent des ordres coupables, vous inférez que, pour les objets qui sont dans la véritable sphère de la responsabilité, ils peuvent aussi être poursuivis, vous jeteriez dans les idées une confusion qui entraveroit toutes les mesures du Gouvernement, et qui rendroit sa marche impossible. Si le général et l'officier étoient responsables de la légitimité d'une guerre, ou l'ambassadeur du contenu d'un traité qu'il a reçu l'ordre de signer, aucune guerre, aucune négociation, ne pourroient être dirigées avec succès. La distinction que j'ai établie lève seule la difficulté. Il est évident que la responsabilité proprement dite ne pèse point sur les agens inférieurs, c'est-à-dire que ces agens ne sont responsables que de l'exécution stricte des ordres qu'ils reçoivent. Quand il s'agit d'attentats contre la sûreté, la liberté, la proprieté individuelle, comme ces attentats sont des délits, ceux qui prêtent leur coopération à ces délits ne peuvent être mis à couvert par aucune autorité supérieure. Mais dans ce qui a rapport à l'usage bon ou mauvais d'un pouvoir légal, comme les ministres seuls peuvent connoître si l'usage qu'ils font de ce pouvoir est bon ou mauvais, ils sont seuls responsables. Ainsi, le gendarme ou l'officier qui a concouru à l'arrestation illégale d'un citoyen, n'est pas justifié par l'ordre d'un Ministre, parce que celui-ci n'avoit pas le droit de donner cet ordre. Mais s'il s'agit d'une guerre injuste ou funeste, d'un traité de paix désavantageux ou déshonorant, tout le monde sent que ni l'ambassadeur qui a signé le traité, s'il s'est conformé en tout aux instructions qu'il avoit reçues, ni le général qui a commandé, ni le soldat qui a servi dans la guerre, ne peuvent être recherchés.

CHAPITRE IV.

Réponse à une objection.

La difficulté, dira-t-on, n'est qu'éludée. Il importe peu que vous appeliez les agens inférieurs justiciables ou responsables. S'ils peuvent être punis, dans une circonstance quelconque, de leur obéissance, vous les autorisez à juger les mesures du gouvernement avant d'y concourir. Par cela seul toute son action est entravée. Où trouvera-t-il des agens, si l'obéissance est dangereuse ? Dans quelle impuissance vous placez tous ceux qui sont investis du commandement ! dans quelle incertitude vous jetez tous ceux qui sont chargés de l'exécution !

Je réponds d'abord : si vous prescrivez aux agens de l'autorité le devoir absolu d'une obéissance implicite et passive, vous lancez sur la société humaine des instrumens d'arbitraire et d'oppression, que le pouvoir aveugle ou furieux peut déchaîner à volonté. Lequel des deux maux est le plus grand ?

Mais je crois devoir remonter ici à quelques principes plus généraux sur la nature et la possibilité,

sibilité de l'obéissance passive. Depuis la révolution, l'on s'extasie plus que jamais sur les avantages de ce genre d'obéissance. S'il n'y a pas obéissance passive dans l'armée, dit-on, il n'y aura plus d'armée ; s'il n'y a pas dans l'administration obéissance passive, il n'y aura plus d'administration. Je ne serois pas étonné que ces raisonneurs, que les fureurs de la démagogie ont d'autant mieux façonnés au despotisme, ne blâmassent les commandans et les gouverneurs de provinces, que l'histoire loue, depuis près de trois siècles, de n'avoir pas obéi à Charles IX, lors du massacre de la Saint-Barthélemy.

Il est bizarre que les faits dont nous avons été témoins et victimes n'aient pas découragé les partisans d'un pareil systême. Ce n'est pas faute d'obéissance, dans les agens inférieurs de nos diverses tyrannies, que la France a tant souffert de ces tyrannies. Tout le monde au contraire n'a que trop obéi ; et si quelques malheureux ont échappé, si quelques injustices ont été adoucies, si le gouvernement de Robespierre a été renversé, si celui de Buonaparte ne pèse plus sur la France, c'est qu'on s'est quelquefois écarté de la doctrine de l'obéissance.

Mais les dépositaires du pouvoir, convaincus, malgré les exemples, de l'éternelle durée de leur autorité, ne cherchent que des instrumens dociles, qui servent sans examen : ils ne voient dans l'intelligence humaine qu'une cause de résistance qui les importune.

Plus les soldats, en leur qualité d'instrumens aveugles, ont fusillé leurs concitoyens, plus on a répété que l'armée devoit être purement et passivement obéissante. Plus les agens de l'adminitration ont déployé de zèle sans examen, pour faire incarcérer, détenir et traduire devant des tribunaux de sang leurs administrés, plus on a prétendu que l'examen étoit le fléau, et le zèle implicite le ressort nécessaire de toute administration. On ne réfléchit pas que les instrumens trop passifs peuvent être saisis par toutes les mains, et retournés contre leurs premiers maîtres, et que l'intelligence qui porte l'homme à l'examen, lui sert aussi à distinguer le droit d'avec la force, et celui à qui appartient le commandement de celui qui l'usurpe.

L'obéissance passive, telle qu'on nous la vante et qu'on nous la recommande, est grâce au ciel complétement impossible. Même dans la discipline militaire, cette obéissance passive a des bornes, que la nature des choses lui trace, en dépit de tous les sophismes. On a beau dire que les armées doivent être des machines, et que l'intelligence du soldat est dans l'ordre de son caporal. Un soldat devroit-il, sur l'ordre de son caporal ivre, tirer un coup de fusil à son capitaine ? Il doit donc distinguer si son caporal est ivre ou non. Il doit réfléchir que le capitaine est une autorité supérieure au caporal. Voilà de l'intelligence et de l'examen requis dans le soldat. Un capitaine devroit-il, sur l'ordre de son colonel, aller, avec sa compagnie, aussi obéissante que lui, arrêter le Ministre de la guerre? Voilà donc de l'intelligence et de l'examen requis dans le capitaine. Un colonel devroit-il, sur l'ordre du Ministre de la guerre, porter une main attentatoire sur la personne sacrée du Roi ? Voilà donc de l'intelligence et de l'examen requis dans le colonel. N'a-t-on pas, naguères, comblé d'éloges, avec beaucoup de justice, l'officier qui, recevant l'ordre de faire sauter un magasin à poudre au centre de Paris, s'est servi de son jugement et de sa conscience, pour se démontrer que la désobéissance étoit son devoir?

Il y a donc des circonstances où l'examen reprend ses droits, où il devient une obligation et une nécessité, et où l'instrument passif et aveugle peut être punissable et doit être puni (1).

---

(1) Il est bon d'observer que nous ne manquons point

Qu'en thèse générale, la discipline soit la base indispensable de toute organisation militaire, que la ponctualité, dans l'exécution des ordres reçus, soit le ressort nécessaire de toute administration civile, nul doute. Mais cette règle a des limites. Ces limites ne se laissent pas décrire, parce qu'il est impossible de prévoir tous les cas qui peuvent se présenter : mais elles se sentent. La

---

en France de lois encore existantes, qui prononçant des peines contre les exécuteurs d'ordres illégaux, sans en excepter, et même en y comprenant formellement les militaires, détruisent par-là toute la théorie de l'obéissance passive, puisqu'elles obligent ces militaires à comparer avec ces lois les ordres qu'ils reçoivent de leurs supérieurs. La loi du 18 germinal an VI, dont les dispositions principales n'ayant pas été révoquées, se trouvent consacrées par-là même dans l'article 68 de notre Charte actuelle, porte, article 165 : « Tout officier, sous-officier, ou gendarme, qui donnera, signera, exécutera ou fera exécuter l'ordre d'arrêter un individu, ou qui l'arrêtera effectivement, si ce n'est en flagrant délit ou dans les cas prévus par les lois, pour le remettre sur-le-champ à l'officier de police, sera poursuivi criminellement, et puni comme coupable du crime de détention arbitraire. » Il faut donc que le gendarme et l'officier jugent, avant d'obéir, si l'individu qu'ils doivent arrêter, est dans le cas du flagrant délit, ou dans un autre cas prévu par les lois. Suivant l'art. 166, la même peine aura lieu

raison de chacun l'en avertit. Il en est juge, et il en est nécessairement le seul juge : il en est le juge à ses risques et périls. S'il se trompe, il en porte la peine. Mais on ne fera jamais que l'homme puisse devenir totalement étranger à l'examen, et se passer de l'intelligence que la nature lui a donnée pour se conduire, et dont

---

pour la détention d'un individu dans un lieu non légalement et publiquement désigné pour servir de maison d'arrêt, de justice ou de prison. Il faut donc que le gendarme et l'officier jugent, avant d'obéir, si le lieu où ils doivent conduire l'individu arrêté, est un lieu de détention légalement et publiquement désigné. L'art. 169 porte que, hors les cas de flagrant délit, déterminés par les lois, la gendarmerie nationale ne pourra arrêter aucun individu, si ce n'est, soit en vertu d'un mandat d'amener ou d'arrêt, suivant les formes prescrites, soit d'une ordonnance de prise-de-corps, d'un décret d'accusation, ou d'un jugement de condamnation. Il faut donc que le gendarme et l'officier jugent, avant d'obéir, s'il y a un mandat d'amener, ou d'arrêt, suivant les formes, ou une ordonnance de prise-de-corps, ou un décret d'accusation, ou un jugement de condamnation. Voilà certes, assez de cas où la force armée, loin d'être purement obéissante, est appelée à consulter les lois, et pour consulter les lois, il faut bien qu'elle fasse usage de sa raison.

aucune profession ne peut le dispenser de faire usage.

Je pourrois tirer de ces principes des conséquences générales d'une grande importance, pour l'obéissance que les citoyens doivent aux lois mêmes; mais je ne veux pas m'écarter de mon sujet.

Oui sans doute, la chance d'une punition pour avoir obéi, jettera quelquefois les agens subalternes dans une incertitude pénible. Il seroit plus commode pour eux d'être des automates zélés ou des dogues intelligens. Mais il y a incertitude dans toutes les choses humaines. Pour se délivrer de toute incertitude, l'homme devroit cesser d'être un être moral. Le raisonnement n'est qu'une comparaison des argumens, des probabilités et des chances. Qui dit comparaison, dit possibilité d'erreur, et par conséquent incertitude. Mais à cette incertitude, il y a, dans une organisation politique bien constituée, un remède qui non-seulement répare les méprises du jugement individuel, mais qui met l'homme à l'abri des suites trop funestes de ces méprises lorsqu'elles sont innocentes. Ce remède, dont il faut assurer la jouissance aux agens de l'administration comme à tous les citoyens, c'est le jugement par jurés. Dans toutes les questions qui ont une partie morale, et qui sont d'une nature compliquée, le jugement par jurés est indispensable. Jamais la liberté de la presse, par exemple, ne peut exister, sans le jugement par jurés. Des jurés seuls peuvent déterminer si tel livre, dans telle circonstance, est ou n'est pas un délit. La loi écrite ne peut se glisser à travers toutes les nuances, pour les atteindre toutes. La raison commune, le bon sens naturel à tous les hommes apprécient ces nuances. Or, les jurés sont les représentans de la raison commune. De même, quand il faut décider si tel agent subordonné à un Ministre, et qui lui a prêté ou refusé son obéissance, a bien ou mal agi, la loi écrite est très-insuffisante. C'est encore la raison commune qui doit prononcer. Il est donc nécessaire de recourir dans ce cas à des jurés, ses seuls interprètes. Eux seuls peuvent évaluer les motifs qui ont dirigé ces agens, et le degré d'innocence, de mérite ou de culpabilité de leur résistance ou de leur concours.

Qu'on ne craigne pas que les instrumens de l'autorité, comptant, pour justifier leur désobéissance, sur l'indulgence des jurés, soient trop enclins à désobéir. Leur tendance naturelle, favorisée encore par leur intérêt et leur amour-propre, est toujours l'obéissance. Les faveurs de l'autorité sont à ce prix. Elle a tant de moyens secrets pour les dédommager des inconvéniens de leur zèle ! Si le contrepoids avoit un défaut, ce seroit plutôt d'être inefficace : mais ce n'est au moins pas une raison pour le retrancher. Les jurés eux-mêmes ne prendront point avec exagération le parti de l'indépendance dans les agens du pouvoir. Le besoin de l'ordre est inhérent à l'homme ; et dans tous ceux qui sont revêtus d'une mission, ce penchant se fortifie du sentiment de l'importance et de la considération dont ils s'entourent, en se montrant scrupuleux et sévères. Le bon sens des jurés concevra facilement qu'en général la subordination est nécessaire, et leurs décisions seront d'ordinaire en faveur de la subordination.

Une réflexion me frappe. L'on dira que je mets l'arbitraire dans les jurés : mais vous le mettez dans les Ministres. Il est impossible, je le répète, de tout régler, de tout écrire, et de faire de la vie et des relations des hommes entre eux un procès-verbal rédigé d'avance, où les noms seuls restent en blanc, et qui dispense à l'avenir les générations qui se succèdent, de tout examen, de toute pensée, de tout recours à l'intelligence. Or, si, quoi qu'on fasse, il reste toujours, dans les affaires humaines, quelque chose de discrétionnaire, je le demande, ne vaut-il pas mieux que l'exercice du pouvoir que cette portion discrétionnaire exige, soit confié à des hommes qui ne l'exercent que dans une seule circonstance, qui ne se corrompent ni ne s'aveuglent par l'habitude de l'autorité, et qui soient également intéressés à la liberté et au bon ordre, que si vous la confiez à des hommes qui ont pour intérêt permanent leurs prérogatives particulières ?

Encore une fois, vous ne pouvez pas maintenir sans restriction votre principe d'obéissance passive. Il mettroit en danger tout ce que vous voulez conserver; il menaceroit, non-seulement la liberté, mais l'autorité; non-seulement ceux qui doivent obéir, mais ceux qui commandent ; non-seulement le peuple, mais le Monarque. Vous ne pouvez pas non plus indiquer avec précision chaque circonstance, où l'obéissance cesse d'être un devoir et devient un crime. Direz-vous que tout ordre contraire à la constitution établie ne doit pas être exécuté? Vous êtes malgré vous reporté vers l'examen de ce qui est contraire à la constitution établie. L'examen est pour vous ce palais de Strigiline, où les chevaliers revenoient sans cesse, malgré leurs efforts pour s'en éloigner. Or, qui sera chargé de cet examen? ce ne sera pas, je le pense, l'autorité qui a donné l'ordre que vous voulez faire examiner. Il faudra donc toujours que vous organisiez un moyen de prononcer dans chaque circonstance; et le meilleur de tous les moyens, c'est de confier le droit de prononcer aux hommes les plus impartiaux, les plus identifiés aux intérêts individuels et aux intérêts publics. Ces hommes sont les jurés.

La responsabilité des agens, pour employer encore une fois ce mot, dans l'acception fautive qui lui a été donnée, la responsabilité des agens, dis-je, est reconnue en Angleterre, depuis le dernier échelon jusqu'au dégré le plus élevé, de manière à ne laisser aucun doute. Un fait très-curieux le prouve, et je le cite d'autant plus volontiers, que l'homme qui se prévalut dans cette circonstance du principe de la responsabilité de tous les agens, ayant eu évidemment tort dans la question particulière, l'hommage rendu au principe général n'en fut que plus manifeste.

Lors de l'élection contestée de M. Wilkes, un des magistrats de Londres, concevant que la Chambre des Communes avoit, dans quelques-unes de ses résolutions, excédé ses pouvoirs, déclara que, vu qu'il n'existoit plus de Chambre des Communes légitime en Angleterre, le paiement des taxes exigé désormais en vertu de lois émanées d'une autorité devenue illégale, n'étoit plus obligatoire. Il refusa en conséquence le paiement de tous les impôts, laissa saisir ses meubles par le collecteur des taxes, et attaqua ensuite ce collecteur pour violation de domicile et saisie arbitraire. La question fut portée devant les tribunaux. L'on ne mit point en doute que le collecteur ne fût punissable, si l'autorité au nom de laquelle il agissoit n'étoit pas une autorité légale : et le Président du Tribunal, lord Mansfield, s'attacha uniquement à prouver aux Jurés que la Chambre des Communes n'avoit pas perdu son caractère de légitimité; d'où il résulte, que si le collecteur avoit été convaincu d'avoir exécuté des ordres illégaux ou émanés d'une source illégitime, il eût été puni, bien qu'il ne fût qu'un instrument soumis au Ministre des finances, et révocable par ce Ministre.

CHAPITRE V.

De quelques Opinions émises dans la Chambre des Députés.

On a paru disposé, dans la Chambre de nos Députés, à ne permettre, contre les Ministres et leurs agens, s'ils se rendoient coupables d'attentats envers les individus, qu'une action civile, et même on a voulu que cette action civile ne pût avoir lieu qu'en vertu d'une décision du Conseil des Ministres. D'après les principes que j'ai énoncés et suivant lesquels les attentats de cette nature ne sont que des délits privés, le genre et la gravité du délit doivent, je le pense, décider de l'espèce d'action qu'il peut autoriser, et lorsqu'il participe du crime, comme dans les rigueurs illégales contre des détenus, rigueurs que leur atrocité peut placer au rang des actes les plus coupables, l'action civile ne suffit pas.

Il est utile de remarquer que cette sorte de délits sera le plus souvent le fait des agens subordonnés, et qu'en conséquence sa poursuite et son châtiment n'interrompront point, comme on semble le craindre, la marche du Gouvernement. Qu'un gendarme soit poursuivi pour avoir commis un crime, il reste d'autres gendarmes qui rempliront leurs devoirs ; qu'un commissaire de police soit mis en jugement, pour avoir attenté à la sûreté individuelle, il reste d'autres commissaires de police pour veiller à l'ordre public : il en résultera seulement que les uns et les autres seront plus attentifs à ne pas s'écarter de ce que les lois prescrivent, et la marche du Gouvernement n'en sera que plus assurée, puisqu'elle n'en sera que plus régulière. Que si des outrages à l'humanité et à la justice étoient ordonnés par un Ministre même ; si, par exemple, (comme au milieu du dernier siècle un homme puissant, célèbre à la fois par son despotisme et par son génie, dans un royaume voisin,) un Ministre faisoit périr lentement, dans un cachot plein d'une eau glacée, les prisonniers objets de sa vengeance, certes, on conviendroit de l'insuffisance de l'action civile.

J'ai questionné des Anglais très-versés dans la jurisprudence de leur pays, sur l'action qui fut dirigée par M. Wilkes contre les Ministres. Ils m'ont répondu que dans cette circonstance l'action fut en effet purement civile, parce que l'on inculpoit uniquement la légalité des actes, et non les intentions des Ministres ou de leurs agens. Mais si l'intention avoit été attaquée, comme criminelle, l'action criminelle auroit eu lieu.

Quant à la nécessité d'une permission de l'autorité, afin de poursuivre les agens de l'autorité, elle me frappe, je l'avoue, comme une telle pétition de principe, et un cercle tellement vicieux que je conçois à peine qu'on puisse l'admettre. Cette disposition existoit sous Buonaparte. Il en avoit fait un article de sa Constitution de l'an VIII; aussi refusoit-on à tous les individus le droit de se pourvoir en réparation, et les vexations les plus scandaleuses restoient impunies.

D'autres Députés ont voulu disputer aux Tribunaux ordinaires le droit de juger des actions intentées pour délits privés, par des individus, contre les Ministres. Ils ont argué tour à tour de la foiblesse des Tribunaux qui craindroient de prononcer contre des hommes puissans, et de l'inconvénient de confier à ces Tribunaux ce qu'ils ont nommé les secrets de l'État.

Cette dernière objection tient à d'anciennes idées. C'est un reste du système dans lequel on admettoit que la sûreté de l'État pouvoit exiger des actes arbitraires. Alors, comme l'arbitraire ne peut se motiver, puisqu'il suppose l'absence des faits et des preuves qui auroient rendu la loi suffisante, on prétend que le secret est indispensable. Quand un Ministre a fait arrêter et détenir illégalement un citoyen, il est tout simple que ses apologistes attribuent cette vexation à des raisons secrètes, qui sont à la connoissance du Ministre seul, et qu'il ne peut révéler sans compromettre la sûreté publique. Quant à moi, je ne connois pas de sûreté publique sans garantie individuelle. Je crois que la sûreté publique est surtout compromise, quand les citoyens voient dans l'autorité un péril, au lieu d'une sauve-garde. Je crois que l'arbitraire est le véritable ennemi de la sûreté publique; que les ténèbres dont l'arbitraire s'enveloppe ne font qu'aggraver ses dangers; qu'il n'y a de sûreté publique que dans la justice, de justice que par les lois, de lois que par les formes. Je crois que la liberté d'un seul citoyen intéresse assez le corps social, pour que la cause de toute rigueur exercée contre lui doive être connue par ses juges naturels. Je crois que tel est le but principal, le but sacré de toute institution politique, et que comme aucune constitution ne peut trouver ailleurs une légitimité complète, ce seroit en vain qu'elle chercheroit ailleurs une force et une durée certaines.

Que si l'on prétend que les Tribunaux seront trop foibles contre les agens coupables, c'est qu'on se représente ces Tribunaux dans l'état d'incertitude, de dépendance et de terreur dans lequel la révolution les avoit placés. Des Gouvernemens inquiets sur leurs droits, menacés dans leurs intérêts, produits malheureux des factions, et déplorables héritiers de la haine que ces factions avoient inspirée, ne pouvoient ni créer ni souffrir des Tribunaux indépendans. L'autorité étoit précaire, parce qu'elle n'avoit ni la légitimité de la tradition, ni la légitimité de l'assentiment : et de ce qu'elle étoit précaire, elle étoit contrainte à être terrible. Toutes ces choses sont heureusement changées. Nos Tribunaux peuvent être forts contre les agens de l'autorité, par cela même que l'autorité est respectée. Buonaparte étoit solidaire, non-seulement de ses Ministres, mais de chaque sbire et de chaque espion, parce que leur pouvoir et le sien étoient homogènes. Il étoit représenté par chacun de ses espions et de ses sbires, il étoit imposé comme eux à la Nation par la force, il agissoit comme eux sur la Nation par le mensonge et par l'arbitraire. Le Gouvernement actuel est, grâce au Ciel, d'une autre nature. Il a une autre base ; il doit avoir d'autres moyens. La constitution déclarant le Monarque inviolable, l'a mis dans l'heureuse et noble impuissance de

faire.

faire le mal. Il n'est donc point, comme Buonaparte, solidaire du mal qui se fait. Il ne gagne rien à ce que des crimes qu'il n'a certes pas la volonté de commander, restent impunis. Les Tribunaux sauront qu'en sévissant contre ces crimes, ils ne peuvent encourir aucune animadversion constitutionnelle, qu'ils ne bravent aucun danger : et de leur sécurité naîtra tout à la fois l'impartialité, la modération et le courage.

CHAPITRE VI.

De la Responsabilité proprement dite.

La question de la responsabilité me paroît déjà fort simplifiée. Elle est affranchie d'une première difficulté, et cette difficulté étoit la plus grande. Les actes illégaux ou arbitraires dont les Ministres peuvent se rendre coupables, ne sont point compris dans la sphère de la responsabilité. Ces actes sont des délits privés, et doivent être jugés par les mêmes tribunaux et suivant les mêmes formes que les délits de tous les individus. La responsabilité ne porte que sur le mauvais usage d'un pouvoir légal.

Ainsi, une guerre injuste, ou une guerre mal dirigée, un traité de paix, dont les sacrifices n'auroient pas été commandés impérieusement par les circonstances, de mauvaises opérations de finances, l'introduction de formes défectueuses ou dangereuses dans l'administration de la justice, enfin tout emploi du pouvoir, qui, bien qu'autorisé par la loi, seroit funeste à la Nation ou vexatoire pour les citoyens, sans être exigé par l'intérêt public; tels sont les objets sur lesquels la responsabilité étend son empire.

On voit par cette définition abrégée, combien sera toujours illusoire toute tentative de rédiger sur la responsabilité une loi précise et détaillée, comme doivent l'être les lois criminelles.

Il y a mille manières d'entreprendre injustement ou inutilement une guerre, de diriger avec trop de précipitation, ou trop de lenteur, ou trop de négligence la guerre entreprise; d'apporter trop d'inflexibilité ou trop de foiblesse dans les négociations; d'ébranler le crédit, soit par des opérations hasardées, soit par des économies mal conçues, soit par des infidélités déguisées sous différens noms. Si chacune de ces manières de nuire à l'Etat devoit être indiquée et spécifiée par une loi, le Code de la responsabilité deviendroit un traité d'histoire et de politique, et encore ses dispositions n'atteindroient que le passé. Les Ministres trouveroient facilement de nouveaux moyens de les éluder pour l'avenir.

Aussi les Anglais, si scrupuleusement attachés d'ailleurs, dans les objets qu'embrasse la loi commune, à l'application littérale de la loi, ne désignent-ils les délits qui appellent sur les Ministres la responsabilité, que par les mots très-vagues de *high crimes and misdemeanours*, mots qui ne précisent ni le degré ni la nature du crime : et si nous conservons dans notre charte constitutionnelle les expressions consacrées de concussion et de trahison, il faudra, de toute nécessité, leur donner le sens le plus large et la latitude la plus grande. Il faudra établir qu'un Ministre trahit l'Etat, toutes les fois qu'il exerce, au détriment de l'Etat, son autorité légale.

On croira peut-être que je place les Ministres dans une situation bien défavorable et bien périlleuse. Tandis que j'exige, pour les simples citoyens, la sauve-garde de la précision la plus exacte, et la garantie de la lettre de la loi, je livre les Ministres à une sorte d'arbitraire exercé sur eux, et par leurs accusateurs et par leurs juges. Mais cet arbitraire est dans l'essence de la chose même. On verra que ses inconvéniens seront adoucis par la solennité des formes, le caractère auguste des juges et la modération des peines. Ici le principe doit être posé : et je pense qu'il vaut toujours mieux avouer en théorie ce qui ne peut être évité dans la pratique.

Un Ministre peut faire tant de mal, sans s'écarter de la lettre d'aucune loi positive, que si vous ne préparez pas des moyens constitutionnels de réprimer ce mal et de punir ou d'éloigner le coupable (car je montrerai qu'il s'agit beaucoup plus d'enlever le pouvoir aux Ministres prévaricateurs, que de les punir), la nécessité fera trouver ces moyens hors de la constitution même. Les hommes réduits à chicaner sur les termes ou à enfreindre les formes, deviendront haineux, perfides et violens. Ne voyant point de route tracée, ils s'en frayeront une qui sera plus courte, mais aussi plus désordonnée et plus dangereuse. Il y a, dans la réalité, une force qu'aucune adresse n'élude long-temps. Si, en ne dirigeant contre les Ministres que des lois précises, qui n'atteignent jamais l'ensemble de leurs actes et la tendance de leur administration, vous les dérobez de fait à toutes les lois, on ne les jugera plus d'après vos dispositions minutieuses et inapplicables : on sévira contre eux d'après les inquiétudes qu'ils auront causées, le mal qu'ils auront fait, et le degré de ressentiment qui en sera la suite (1).

Ce qui me persuade que je ne suis point un

(1) Je trouve avec plaisir dans le discours d'un de nos Députés les plus éclairés, que j'ai eu l'avantage de pouvoir compter anciennement au nombre de mes collègues, l'opinion que j'expose ici, exprimée presque dans les mêmes termes.

« Dans cette mission constitutionnelle, dit-il (celle d'accuser les Ministres et de prononcer sur l'accusation), il est bien important, de ne pas voir, dans les deux

ami de l'arbitraire, en posant en axiôme que la loi sur la responsabilité ne sauroit être détaillée, comme les lois communes, et que c'est une loi politique, dont la nature et l'application ont inévitablement quelque chose de discrétionnaire, c'est que j'ai pour moi, comme je viens de le dire, l'exemple des Anglais, et que non-seulement depuis 134 ans la liberté existe chez eux, sans trouble et sans orages, mais que de tous leurs Ministres, exposés à une responsabilité indéfinie, et perpétuellement dénoncés par l'opposition, un bien petit nombre a été soumis à un jugement, aucun n'a subi une peine.

Nos souvenirs ne doivent pas nous tromper. Nous avons été furieux et turbulens, comme des esclaves qui brisoient leurs fers. Mais aujourd'hui nous sommes devenus un peuple libre; et si nous continuons à l'être, si nous organisons avec hardiesse et franchise des institutions de liberté, nous serons bientôt calmes et sages comme un peuple libre.

Chambres, des Tribunaux ou des Juges. Elles sont des jurys suprêmes, qui ne peuvent remplir dignement leur attribution qu'autant qu'ils seront libres de toutes les entraves législatives, et ne reconnoîtront pour règle de leur conduite et de leur décision que leur intelligence et leur conscience. Op. de M. Sédillez du 8 décembre 1814. »

CHAPITRE VII.

De la déclaration que les Ministres sont indignes de la confiance publique.

DANS les discussions qui ont eu lieu dernièrement sur la responsabilité, l'on a proposé de remplacer par un moyen plus doux en apparence l'accusation formelle, lorsque la mauvaise administration des Ministres auroit compromis la sûreté de l'État, la dignité de la Couronne, ou la liberté du Peuple, sans néanmoins avoir enfreint d'une manière directe aucune loi positive. On a voulu investir les assemblées représentatives du droit de déclarer les Ministres indignes de la confiance publique.

Mais je remarquerai d'abord que cette déclaration existe de fait contre les Ministres, toutes les fois qu'ils perdent la majorité dans les assemblées. Lorsque nous aurons ce que nous n'avons point encore, mais ce qui est d'une nécessité indispensable, dans toute Monarchie constitutionnelle, je veux dire, un ministère qui agisse de concert, une majorité stable, et une opposition bien séparée de cette majorité, nul Ministre ne pourra se maintenir, s'il n'a pour lui le plus grand nombre des voix, à moins d'en appeler au peuple par des élections nouvelles. Et alors, ces élections nouvelles seront la pierre de touche de la confiance accordée à ce Ministre. Je n'aperçois donc dans la déclaration proposée au lieu de l'accusation, que l'énoncé d'un fait qui se prouve, sans qu'il soit besoin de le déclarer. Mais je vois de plus que cette déclaration, par cela même qu'elle sera moins solennelle et paroîtra moins sévère qu'une accusation formelle, sera de nature à être plus fréquemment prodiguée. Si vous craignez que l'on ne prodigue l'accusation elle-même, c'est que vous supposez l'assemblée factieuse. Mais si en effet l'assemblée est factieuse, elle sera plus disposée encore à flétrir les Ministres qu'à les accuser, puisqu'elle pourra les flétrir sans se compromettre, par une déclaration qui ne l'engage à rien, qui, n'appelant aucun examen, ne requiert aucune preuve, qui n'est enfin qu'un cri de vengeance. Si l'assemblée n'est pas factieuse, pourquoi inventer une formule, inutile dans cette hypothèse et dangereuse dans l'autre ?

Secondement, quand les Ministres sont accusés, un Tribunal dont la composition nous occupera tout-à-l'heure, est chargé de les juger.

Ce Tribunal, par son jugement, quel qu'il soit, rétablit l'harmonie entre le Gouvernement et les organes du peuple. Mais aucun Tribunal n'existe pour prononcer sur la déclaration dont il s'agit. Cette déclaration est un acte d'hostilité d'autant plus fâcheux dans ses résultats possibles, qu'il est sans résultat fixe et nécessaire. Le Roi et les mandataires du peuple sont mis en présence, et vous perdez le grand avantage d'avoir une autorité neutre qui prononce entre eux.

Cette déclaration est en troisième lieu une atteinte directe à la prérogative royale. Elle dispute au Roi la liberté de ses choix. Il n'en est pas de même de l'accusation. Les Ministres peuvent être devenus coupables, sans que le Monarque ait eu tort de les nommer, avant qu'ils le fussent. Quand vous accusez les Ministres, ce sont eux seuls que vous attaquez : mais quand vous les déclarez indignes de la confiance publique, le Prince est inculpé, ou dans ses intentions ou dans ses lumières, ce qui ne doit jamais arriver dans un gouvernement constitutionnel.

L'essence de la Royauté, dans une Monarchie représentative, c'est l'indépendance des nominations qui lui sont attribuées. Jamais le Roi n'agit en son propre nom. Placé au sommet de tous les pouvoirs, il crée les uns, modère les autres, dirige ainsi l'action politique, en la tempérant sans y participer. C'est de là que résulte son inviolabilité. Il faut donc lui laisser cette prérogative intacte et respectée. Il ne faut jamais lui contester le droit de choisir. Il ne faut pas que les assemblées s'arrogent le droit d'exclure, droit qui, exercé obstinément, implique à la fin celui de nommer.

L'on ne m'accusera pas, je le pense, d'être trop favorable à l'autorité absolue. Mais je veux que la Royauté soit investie de toute la force, entourée de toute la vénération qui lui sont nécessaires pour le salut du peuple et la dignité du trône.

Que les délibérations des assemblées soient parfaitement libres; que les secours de la presse, affranchie de toute entrave, les encouragent et les éclairent : que l'opposition jouisse des priviléges de la discussion la plus hardie : ne lui refusez aucune ressource constitutionnelle pour enlever au ministère sa majorité. Mais ne lui tracez pas un chemin dans lequel, s'il est une fois ouvert, elle se précipitera sans cesse. La déclaration que l'on propose deviendra tour à tour une formule sans conséquence, ou une arme entre les mains des factions.

J'ajouterai que, pour les Ministres mêmes, il vaut mieux qu'ils soient quelquefois accusés, légèrement peut-être, que s'ils étoient exposés à chaque instant à une déclaration vague, contre laquelle il seroit plus difficile de les garantir. C'est un grand argument dans la bouche des défenseurs d'un Ministre que ce simple mot, accusez-le.

Je l'ai déjà dit et je le répète, la confiance dont un Ministre jouit, ou la défiance qu'il inspire, se prouve par la majorité qui le soutient ou qui l'abandonne. C'est le moyen légal, c'est l'expression constitutionnelle. Il est superflu d'en chercher une autre.

CHAPITRE VIII.

Du Tribunal qui doit juger les Ministres.

Je reproduis, pour plus de clarté, les expressions que j'ai déjà employées. La loi sur la responsabilité ne sauroit être précise ni détaillée, comme les lois communes. C'est une loi politique, dont la nature et l'application ont inévitablement quelque chose de discrétionnaire. Il s'ensuit que l'application de la responsabilité nécessite des règles et des formes différentes de celles qui suffisent, lorsque tout peut être ordonné et prévu par la lettre de la loi.

La mauvaise direction de la guerre, ainsi que l'appréciation erronée de sa légitimité, de mauvaises opérations de finances, ou tout autre emploi défectueux d'un pouvoir légal, peuvent être le résultat d'une erreur, d'une incapacité, d'une foiblesse, qui ne supposent point des intentions criminelles. Il faut donc que le Tribunal qui doit prononcer sur ces questions compliquées donne aux accusés par son organisation la garantie qu'il fera servir sa puissance plus ou moins discrétionnaire, à l'évaluation équitable, non-seulement des actes, mais des motifs. Il faut que la position, le caractère, les intérêts des juges constatent bien cette garantie; qu'ils soient investis d'une assez grande latitude; enfin que les peines qu'ils auront à prononcer soient très-modérées.

J'ai dit que toutes les fois que les questions avoient une partie morale, et qu'elles étoient d'une nature compliquée, le jugement par Jurés étoit indispensable. J'ai montré qu'il n'existoit, par exemple, nul autre moyen, pour que l'obéissance ou la désobéissance des agens inférieurs, dans le cas d'attentats contre la liberté et les droits individuels, fût équitablement appréciée. A plus forte raison faut-il, pour juger les Ministres, dans des questions plus difficiles encore, et sur lesquelles la loi positive peut encore moins prononcer avec précision, une institution qui participe aux avantages des Jurés. Mais de simples Jurés seroient insuffisans, lorsqu'il s'agit d'une responsabilité qui porte sur les plus grands problêmes politiques, sur les intérêts à la fois les plus vastes et les plus secrets de la nation.

Les Représentans de cette nation, appelés à surveiller l'emploi de la fortune publique, et plus ou moins admis dans les détails des négociations, puisque les Ministres leur en doivent un compte, lorsqu'elles sont terminées, paraissent d'abord en état de décider si ces Ministres méritent l'approbation ou le blâme, l'indulgence ou le châtiment. Mais les Représentans de la nation, électifs pour un espace de temps limité, et ayant besoin de plaire à leurs commettans, se ressentent toujours de leur origine populaire et de leur situation qui redevient précaire à des époques fixes. Cette situation les jette dans une double dépendance, celle de la popularité et celle de la faveur. Ils sont d'ailleurs appelés à se montrer souvent les antagonistes des Ministres, et par cela même qu'ils peuvent devenir leurs accusateurs, ils ne sauroient être leurs juges. Cette fonction importante doit être remise à une autorité dont l'impartialité soit mieux assurée.

La mise en accusation des Ministres est, dans le fait, un procès entre le pouvoir exécutif et le pouvoir du péuple. Il faut donc, pour le terminer, recourir à un Tribunal qui ait un intérêt distinct à la fois et de celui du peuple et de celui du Gouvernement, et qui, néanmoins, soit réuni, par un autre intérêt, à celui du Gouvernement et à celui du peuple.

La Pairie réunit ces deux conditions. Ses priviléges séparent du peuple les individus qui en sont investis. Ils n'ont plus à rentrer dans la condition commune. Ils ont donc un intérêt distinct de l'intérêt populaire. Mais le nombre des Pairs mettant toujours obstacle à ce que la majorité d'entre eux puisse participer au Gouvernement, cette majorité a, sous ce rapport, un intérêt distinct de l'intérêt du Gouvernement. En même temps, les Pairs sont intéressés à la liberté du peuple : car, si la liberté du peuple étoit anéantie, la liberté des Pairs et leur dignité disparaîtraient. Ils sont intéressés de même au maintien du Gouvernement ; car, si le Gouvernement étoit renversé, avec lui s'abîmeroit leur institution.

La Chambre des Pairs est donc, par l'indépendance et la neutralité qui la caractérisent, le juge convenable des Ministres, pour tous les délits qui rentrent dans la sphère de la responsabilité.

Voilà, déjà, ce me semble, une première garantie, assez rassurante, contre l'espèce d'arbitraire que les Ministres pourroient redouter. Les hommes appelés à prononcer sur leur conduite sont exempts des passions qui dirigent leurs accusateurs. Placés dans un poste qui inspire naturellement l'esprit conservateur à ceux qui l'occupent, formés par leur éducation à la connoissance des grands intérêts de l'État, initiés par leurs fonctions dans la plupart des secrets de l'administration, ils reçoivent encore de leur position sociale une gravité de caractère qui leur commande la maturité de l'examen, et une douceur de mœurs qui, en les disposant aux ménagemens et aux égards, supplée à la loi positive par les scrupules délicats de l'équité.

CHAPITRE IX.

De la mise en accusation des Ministres, et de la publicité de la discussion.

J'AI voulu d'abord parler des juges, pour calmer toute inquiétude : parlons maintenant des accusateurs.

Ces accusateurs ne peuvent se trouver, comme je l'ai dit plus haut, que dans les assemblées représentatives. Aucun particulier n'a, sur les affaires du Gouvernement, les connoissances de fait nécessaires, pour décider si un Ministre doit être accusé. Aucun particulier n'a un intérêt assez pressant pour braver les périls et s'exposer aux embarras inséparables de l'accusation d'un Ministre, si ce Ministre n'est coupable qu'envers le public. S'il l'est envers un individu, j'ai montré que le recours devoit être ouvert à cet individu, devant les Tribunaux ordinaires. Mais il ne s'agit pas alors de la responsabilité.

En attribuant aux Représentans de la nation l'accusation exclusive des Ministres, considérés comme responsables, je ne veux pas néanmoins repousser les dénonciations rédigées sous la forme de pétitions individuelles. Tout citoyen a le droit de révéler aux mandataires du peuple les actes ou les mesures qui lui paroissent condamnables, dans les dépositaires de l'autorité. Le Roi seul est inviolable dans le poste sacré qu'il occupe. Modérateur auguste de l'action sociale, il n'agit jamais par lui-même. Mais les dénonciations des individus contre les Ministres, pour les objets qui sont de la compétence de la responsabilité, ne prennent un caractère légal que, lorsqu'examinées par les assemblées représentatives, elles sont revêtues de leur sanction.

C'est donc à ces assemblées qu'il appartient de décider quand l'accusation doit être dirigée contre un Ministre. Mais dans cette délibération importante, faut-il permettre la publicité ?

On allègue, contre cette publicité, trois objections spécieuses. Les secrets de l'État, dit-on, seront mis à la merci d'un orateur imprudent. L'honneur des Ministres sera compromis par des accusations hasardées. Enfin, ces accusations, lors même qu'elles seront prouvées fausses, n'en auront pas moins donné à l'opinion un ébranlement dangereux.

Les secrets de l'État ne sont pas en aussi grand nombre, qu'aime à l'affirmer le charlatanisme, ou que l'ignorance aime à le croire. Le secret n'est guère indispensable que dans quelques circonstances rares et momentanées, pour quelque expédition militaire, par exemple, ou pour quelque alliance décisive, à une époque de crise. Dans tous les autres cas, l'autorité ne veut le secret que pour agir sans contradiction, et la plupart du temps, après avoir agi, elle regrette la contradiction qui l'auroit éclairée.

Mais dans les cas où le secret est vraiment nécessaire, les questions qui sont du ressort de la responsabilité ne tendent point à le divulguer. Car elles ne sont débattues, qu'après que l'objet qui les a fait naître est devenu public.

Le droit de paix et de guerre, la conduite des opérations militaires, celle des négociations, la conclusion des traités, appartiennent au pouvoir exécutif. Ce n'est qu'après qu'une guerre a été entreprise, qu'on peut rendre les Ministres responsables de la légitimité de cette guerre (1). Ce

---

(1) Je m'attends que parmi nous, qui avions perdu, depuis l'assemblée constituante, jusqu'à la restauration, toute idée d'une discussion libre, et qui considérions une minorité indépendante, comme une réunion de révoltés, l'examen de la légitimité ou de la conduite d'une guerre, tandis qu'elle continue, paroîtra fort alarmant. L'ardeur de la nation sera découragée, diront des hommes

n'est qu'après qu'une expédition a réussi ou manqué, qu'on peut en demander compte au Ministre. Ce n'est qu'après qu'un traité a été conclu, qu'on peut examiner le contenu de ce traité.

Les discussions ne s'établissent donc que sur des questions déjà connues. Elles ne divulguent aucun fait. Elles placent seulement des faits publics sous un nouveau point de vue.

L'honneur des Ministres, loin d'exiger que les accusations intentées contre eux soient enveloppées de mystère, exige plutôt impérieusement que l'examen se fasse au grand jour. Un Ministre, justifié dans le secret, n'est jamais complétement justifié. Les accusations ne sauroient être ignorées. Le mouvement qui les dicte porte inévitablement ceux qui les intentent à les révéler. Mais, révélées ainsi dans des conversations vagues, elles prennent

---

timides, et les prétentions des ennemis augmentées, par la désapprobation jetée sur les causes ou sur la conduite de la guerre. Toutefois l'Angleterre nous a bien prouvé qu'un peuple n'abandonne pas le soin de sa défense, parce qu'il recherche les causes qui l'ont rendue nécessaire, et certes il eût été heureux pour la France que ses Représentans eussent pu examiner la légitimité de l'entreprise d'Espagne ou de celle de Russie, lorsque nos troupes étoient encore à Madrid et à Moscou.

toute la gravité que la passion cherche à leur donner. La vérité n'est pas admise à les réfuter. Vous n'empêchez pas l'accusateur de parler, vous empêchez seulement qu'on ne lui réponde. Les ennemis du Ministre profitent du voile qui couvre ce qui est, pour accréditer ce qui n'est pas. Une explication publique et complète, où les organes de la nation auroient éclairé la nation entière, sur la conduite du Ministre dénoncé, eut prouvé peut-être à la fois leur modération et son innocence. Une discussion secrète laisse planer sur lui l'accusation qui n'est repoussée que par une enquête mystérieuse, et peser sur eux l'apparence de la connivence, de la foiblesse ou de la complicité.

Les mêmes raisonnemens s'appliquent à l'ébranlement que vous craignez de donner à l'opinion. Un homme puissant ne peut être inculpé sans que cette opinion ne s'éveille, et sans que la curiosité ne s'agite. Leur échapper est impossible. Ce qu'il faut, c'est rassurer l'une, et vous ne le pouvez qu'en satisfaisant l'autre. On ne conjure point les dangers, en les dérobant aux regards. Ils s'augmentent, au contraire, de la nuit dont on les entoure. Les objets se grossissent au sein des ténèbres. Tout paroît dans l'ombre hostile et gigantesque.

C'est faute de bien apprécier notre situation actuelle que nous nous épouvantons en France des déclamations inconsidérées, et des accusations sans fondement. Ces choses s'usent d'elles-mêmes, se décréditent, et cessent enfin, par le seul effet de l'opinion qui les juge et les flétrit. Elles ne sont dangereuses que sous le despotisme, ou dans les démagogies, sans contre-poids constitutionnel : sous le despotisme, parce qu'en circulant malgré lui, elles participent de la faveur de tout ce qui lui est opposé; dans les démagogies, parce que tous les pouvoirs étant réunis et confondus comme sous le despotisme, quiconque s'en empare, en subjuguant la foule par la parole, est maître absolu. C'est le despotisme sous un autre nom. Mais quand les pouvoirs sont balancés, et qu'ils se contiennent l'un par l'autre, la parole n'a point cette influence rapide et immodérée.

Il y a aussi en Angleterre, dans la Chambre des Communes, des déclamateurs et des hommes turbulens. Qu'arrive-t-il? Ils parlent; on ne les écoute pas, et ils se taisent. L'intérêt qu'attache une assemblée à sa propre dignité, lui apprend à réprimer ses membres, sans qu'il soit besoin d'étouffer leur voix. Le public se forme de même à l'appréciation des harangues violentes et des accusations mal fondées. Laissez-lui faire son éducation. Il faut qu'elle se fasse. L'interrompre, ce n'est que la retarder. Veillez, si vous le croyez indispensable, sur les résultats immédiats. Que la loi prévienne les troubles : mais dites-vous bien que la publicité est le moyen le plus infaillible de les prévenir. Elle met de votre parti la majorité nationale, qu'autrement vous auriez à réprimer, peut-être à combattre. Cette majorité vous seconde. Vous avez la raison pour auxiliaire. Mais pour obtenir ce puissant auxiliaire, il ne faut pas le tenir dans l'ignorance, il faut au contraire l'éclairer.

Voulez-vous être sûr qu'un peuple sera paisible ? Dites-lui sur ses intérêts tout ce que vous pouvez lui dire. Plus il en saura, plus il jugera sainement et avec calme. Il s'effraie de ce qu'on lui cache, et il s'irrite de son effroi.

CHAPITRE X.

De la poursuite du procès.

LORSQU'UNE assemblée a examiné, discuté, adopté une accusation contre un Ministre, il paroît naturel de confier à cette assemblée la poursuite d'une cause qu'elle doit mieux connoître que personne. Plusieurs de nos députés ont proposé néanmoins de déléguer cette poursuite, soit à un magistrat inamovible nommé par le Roi, et chargé de cette seule fonction, soit aux procureurs du Roi, choisis, suivant un mode quelconque, dans les différens Tribunaux.

Cette dernière proposition ne sauroit, ce me semble, soutenir le moindre examen. Comment imposer à des hommes dépendans du pouvoir exécutif, et révocables à volonté, le devoir de poursuivre ceux entre les mains desquels le pouvoir exécutif a été remis, ceux à qui ces hommes doivent peut-être leur nomination, ceux qui peuvent de nouveau se trouver les maîtres de leur destinée?

Le grand procurateur à vie dont on demande la création, n'a pas les mêmes inconvéniens.

Mais ne ressemble-t-il pas à ces inquisiteurs d'état, instrument d'espionnage et de terreur, dans quelques aristocraties oppressives? Ne voyez-vous pas ce grand procurateur indépendant à la fois du prince et du peuple? Son inactivité même me semble alarmante. Il surveille les Ministres en silence, comme un invisible ennemi. Il ne peut avoir d'importance qu'en cherchant les occasions d'exercer ses fonctions austères. Immobile dans l'enceinte solitaire où vous l'avez placé, il a quelque chose de mystérieux et d'hostile.

Cette institution s'adouciroit sans doute parmi nous, car elle est contraire à nos mœurs, et à l'esprit monarchique. Mais par cela même ne s'adouciroit-elle pas trop, et ne deviendroit-elle pas bientôt illusoire? Placé à peu près au rang des Ministres, le grand procurateur contracteroit avec eux des liaisons qui, dans notre état de société, lui imposeroient des devoirs plus sacrés que les fonctions de sa place : l'opinion le condamneroit plus sévèrement, s'il poursuivoit avec ardeur un Ministre qu'il auroit connu dans l'intimité, que s'il trahissoit la cause de la nation ; et le surveillant ne seroit bientôt qu'un allié, un défenseur, quelquefois un complice.

Répondra-t-on que les assemblées qui auroient prononcé la mise en accusation d'un Ministre, veilleroient à la conduite du grand procurateur, et ne lui permettroient ni ménagemens ni négligence? Mais les hommes ne font bien que ce qu'ils font volontiers : et leur répugnance secrète trompe aisément les précautions destinées à la surmonter. D'ailleurs, en supposant le grand procurateur plein de zèle et de courage, les accusateurs du Ministre reconnoîtront-ils ce courage et rendront-ils justice à ce zèle? N'entendez-vous pas les plaintes de l'assemblée? Ne voyez-vous pas l'accusation se partager entre le Ministre et le magistrat qui le poursuit avec lenteur et avec foiblesse? Ses accusateurs ne prétendroient-ils pas qu'il n'a point usé de tous leurs moyens, qu'il n'a pas soutenu leur cause? N'attribueroient-ils pas la sentence qui déclareroit l'accusé absous à la perfidie de l'auxiliaire que vous leur auriez donné malgré eux?

Ce n'est pas tout. Je crains autre chose. Autant, si c'est l'assemblée qui accuse un Ministre, je soupçonne l'activité de l'homme public chargé de la poursuite; autant je redoute son acharnement, si c'est le Roi, c'est-à-dire, de nouveaux Ministres, qui se portent accusateurs. Vous croyez donner une garantie à l'accusé, en lui opposant pour adversaire un homme qui n'a point concouru à l'accusation. Mais la servilité a ses fureurs non moins que la haine. Parmi les Ministres condamnés, combien nous en voyons qui le furent à la demande de leurs successeurs! La passion n'est pas incapable d'être généreuse, et j'aime mieux une assemblée passionnée qu'un seul magistrat, dont l'âme peut s'ouvrir à mille calculs et se laisser séduire par mille espérances.

Enfin, les causes qui sont du ressort de la responsabilité étant, comme je l'ai dit plus d'une fois, politiques bien plutôt que judiciaires, les membres des assemblées représentatives sont beaucoup plus propres à diriger les poursuites de ce genre que des hommes pris dans le sein des Tribunaux, étrangers aux connoissances diplomatiques, aux combinaisons militaires, aux opérations de finance, ne connoissant qu'imparfaitement l'état de l'Europe, n'ayant étudié que les codes de lois positives, et astreints, par leurs devoirs habituels, à n'en consulter que la lettre morte, et à n'en requérir que l'application stricte. L'esprit subtil de la jurisprudence, esprit que porteroient dans ces grandes causes les procureurs du Roi ou même le grand procurateur à vie, qui seroit toujours un jurisconsulte, me semble opposé à la nature de ces questions qui doivent être envisagées sous le rapport public, national, quelquefois même européen, et sur lesquelles les Pairs doivent prononcer comme des jurés suprêmes, d'après leurs lumières, leur honneur et leur conscience.

Suivons toujours les routes naturelles, laissons faire à chacun ce que chacun doit faire. Ce n'est point dans les accusateurs qu'il faut placer l'impartialité, c'est dans les juges. Otez aux ennemis des Ministres accusés tout prétexte de jeter du doute sur la manière dont leur cause s'instruira. Qu'ils déploient toute leur activité : qu'ils fassent entendre toute leur éloquence et valoir toutes leurs ressources. S'ils échouent, leur défaite en sera d'autant plus incontestable. Tout sera plus clair, plus franc, plus noble dans cette marche ; le crime, s'il existe, aura moins d'espoir, l'innocence sortira de la lutte avec plus d'éclat, la conviction sera plus entière, l'opinion plus contente.

CHAPITRE XI.

Des peines à prononcer contre les Ministres.

LA nature de la loi sur la responsabilité implique la nécessité d'investir les juges du droit d'appliquer et même de choisir la peine. Les crimes ou les fautes sur lesquelles cette loi s'exerce ne se composant ni d'un seul acte ni d'une série d'actes positifs, dont chacun puisse motiver une loi précise, des nuances que la parole ne peut désigner, et qu'à plus forte raison la loi ne peut saisir, aggravent ou atténuent ces délits. La seule conscience des Pairs est juge de ces nuances, et cette conscience doit pouvoir prononcer en liberté, sur le châtiment comme sur le crime.

La loi doit tout au plus déterminer entre quelles peines la Chambre des Pairs aura le droit de choisir. Trois seulement sont admissibles, la mort, l'exil et la détention. Elles ne doivent être accompagnées d'aucune circonstance aggravante. Aucune idée d'opprobre ne doit s'y attacher.

Les peines infamantes ont des inconvéniens généraux qui deviennent plus fâcheux encore, lorsqu'elles atteignent des hommes que le monde a contemplés dans une situation éclatante. Toutes les fois que la loi s'arroge la distribution de l'honneur et de la honte, elle empiète maladroitement sur le domaine de l'opinion, et cette dernière est disposée à réclamer sa suprématie. Il en résulte une lutte qui tourne toujours au détriment de la loi. Cette lutte doit surtout avoir lieu, quand il s'agit de délits politiques, sur lesquels les opinions sont nécessairement partagées. L'on affoiblit le sens moral de l'homme, lorsqu'on lui commande, au nom de l'autorité, l'estime ou le mépris. Ce sens ombrageux et délicat est froissé par la violence qu'on prétend lui faire, et il arrive qu'à la fin un peuple ne sait plus ce qu'est le mépris ou ce qu'est l'estime.

Dirigées même en perspective contre des hommes qu'il est utile d'entourer, durant leurs fonctions, de considération et de respect, les peines infamantes les dégradent en quelque sorte d'avance. L'aspect du Ministre qui subiroit une punition flétrissante aviliroit dans l'esprit du peuple le Ministre encore en pouvoir.

Enfin, l'espèce humaine n'a que trop de penchant à fouler aux pieds les grandeurs tombées. Gardons-nous d'encourager ce penchant. Ce qu'après la chute d'un Ministre on appelleroit haine du crime, ne seroit le plus souvent qu'un reste d'envie et du dédain pour le malheur.

Lorsqu'un Ministre a été condamné, soit qu'il ait subi la peine prononcée par sa sentence, soit que le Monarque lui ait fait grâce, il doit être préservé pour l'avenir de toutes ces persécutions variées que les partis vainqueurs dirigent sous divers prétextes contre les vaincus. Ces partis affectent pour justifier leurs mesures vexatoire des craintes excessives. Ils savent bien que ces craintes ne sont pas fondées, et que ce seroit faire trop d'honneur à l'homme que de le supposer si ardent à s'attacher au pouvoir déchu. Mais la haine se cache sous les dehors de la pusillanimité, et pour s'acharner avec moins de honte sur un individu sans défense, on le présente comme un objet de terreur. Je voudrois que la loi mît un insurmontable obstacle à toutes ces rigueurs tardives, et qu'après avoir atteint le coupable elle le prît sous sa protection. Je voudrois qu'il fût ordonné qu'aucun Ministre, après qu'il aura subi sa peine, ne pourra être exilé, détenu, ni éloigné de son domicile. Je ne connois rien de si honteux que ces proscriptions prolongées. Elles indignent les nations ou elles les corrompent. Elles réconcilient avec les victimes toutes les âmes un peu élevées. Tel Ministre dont l'opinion publique avoit applaudi le châtiment, se trouve entouré de la pitié publique lorsque le châtiment légal est aggravé par l'arbitraire.

CHAPITRE

CHAPITRE XII.

Le droit de grâce attribué au Roi peut-il être restreint, quand il s'agit des Ministres condamnés?

J'ai supposé, dans le chapitre précédent, que le Roi pourroit faire grâce à ses Ministres quand ils auroient été déclarés coupables. Quelques personnes ont aperçu de l'inconvénient à laisser subsister cette prérogative dans toute son étendue, pour cette circonstance rare et importante. Mais toute limite qui seroit assignée à ce droit inséparable de la royauté, porteroit atteinte à notre constitution, car notre constitution le consacre sans réserve. Toute limite de cette espèce détruiroit de plus l'essence d'une monarchie constitutionnelle; car, dans une telle monarchie, le Roi doit être, pour employer l'expression anglaise, la source de toutes les miséricordes, comme celle de tous les honneurs.

Un Roi peut, dira-t-on, commander à ses Ministres des actes coupables et leur pardonner ensuite. C'est donc encourager par l'assurance de l'impunité le zèle des Ministres serviles, et l'audace des Ministres ambitieux.

Pour juger cette objection, il faut remonter au premier principe de la monarchie constitutionnelle, je veux dire à l'inviolabilité. L'inviolabilité suppose que le Monarque ne peut pas mal faire. Il est évident que cette hypothèse est une fiction légale, qui n'affranchit pas réellement des affections et des foiblesses de l'humanité, l'individu placé sur le trône. Mais l'on a senti que cette fiction légale étoit nécessaire, pour l'intérêt de l'ordre et de la liberté même, parce que sans elle tout est désordre et guerre éternelle entre le Monarque et les factions. Il faut donc respecter cette fiction dans toute son étendue. Si vous l'abandonnez un instant, vous retombez dans tous les dangers que vous avez tâché d'éviter. Or, vous l'abandonnez, en restreignant les prérogatives du Monarque, sous le prétexte de ses intentions. Car c'est admettre que ses intentions peuvent être soupçonnées. C'est donc admettre qu'il peut vouloir le mal, et par conséquent le faire. Dès-lors vous avez détruit l'hypothèse sur laquelle son inviolabilité repose dans l'opinion. Dès-lors le principe de la monarchie constitutionnelle est attaqué. D'après ce principe, il ne faut jamais envisager dans l'action du pouvoir, que les Ministres; ils sont là pour en répondre. Le Monarque est dans une enceinte à part et sacrée ; vos regards, vos soupçons ne doivent jamais l'atteindre. Il n'a point d'intentions, point de foiblesses, point de connivence avec ses Ministres, car ce n'est pas un homme (1), c'est un pouvoir neutre et abstrait, au-dessus de la région des orages.

Que si l'on taxe de métaphysique le point de vue constitutionnel sous lequel je considère cette question, je descendrai volontiers sur le terrain de l'application pratique et de la morale, et je dirai encore qu'il y auroit à refuser au Roi le droit de faire grâce aux Ministres condamnés, un autre inconvénient qui seroit d'autant plus grave que le motif même par lequel on limiteroit sa prérogative seroit plus fondé.

Il se peut en effet qu'un Roi, séduit par l'amour d'un pouvoir sans bornes, excite les Ministres à des trames coupables contre la constitution de l'Etat. Ces trames sont découvertes ; les agens criminels sont accusés, convaincus ;

---

(1) Les partisans du despotisme ont dit aussi que le Roi n'étoit pas un homme ; mais ils en ont inféré qu'il pouvoit tout faire, et que sa volonté remplaçoit les lois. Je dis que le Roi constitutionnel est au-dessus de l'humanité : mais c'est parce que ses Ministres seuls agissent et qu'ils ne peuvent rien faire que par les lois.

la sentence est portée. Que faites-vous, en disputant au Prince le droit d'arrêter le glaive prêt à frapper les instrumens de ses volontés secrètes, et en le forçant à autoriser leur châtiment? Vous le placez entre ses devoirs politiques et les devoirs plus saints de la reconnoissance et de l'affection. Car le zèle irrégulier est pourtant du zèle, et les hommes ne sauroient punir sans ingratitude le dévouement qu'ils ont accepté. Vous le contraignez ainsi à un acte de lâcheté et de perfidie; vous le livrez aux remords de sa conscience; vous l'avilissez à ses propres yeux; vous le déconsidérez aux yeux de son peuple. C'est ce que firent les Anglais, en obligeant Charles Ier à signer l'exécution de Strafford, et le pouvoir royal dégradé fut bientôt détruit.

Si vous voulez conserver à la fois la Monarchie et la liberté, luttez avec courage contre les Ministres pour les écarter : mais dans le Roi ménagez l'homme en honorant le Monarque. Respectez en lui les sentimens du cœur, car les sentimens du cœur sont toujours respectables. Ne le soupçonnez pas d'erreurs que la constitution vous ordonne d'ignorer. Ne le réduisez pas surtout à les réparer par des rigueurs qui, dirigées sur des serviteurs trop aveuglement fidèles, deviendroient des crimes.

Et remarquez que si nous sommes une Nation, si nous avons des élections libres, ces erreurs ne seront pas dangereuses. Les Ministres, en demeurant impunis, n'en seront pas moins désarmés. Que le Prince exerce en leur faveur sa prérogative, la grâce est accordée, mais le délit est reconnu, et l'autorité échappe au coupable ; car il ne peut ni continuer à gouverner l'Etat avec une majorité qui l'accuse, ni se créer, par des élections nouvelles, une nouvelle majorité, puisque dans ces élections l'opinion populaire replaceroit au sein de l'assemblée la majorité accusatrice.

Que si nous n'étions pas une Nation, si nous ne savions pas avoir des élections libres, toutes nos précautions seroient vaines. Nous n'emploierions jamais les moyens constitutionnels que nous préparons. Nous pourrions bien triompher à d'horribles époques par des violences brutales ; mais nous ne surveillerions, nous n'accuserions, nous ne jugerions jamais les Ministres. Nous accourrions seulement pour les proscrire lorsqu'ils auroient été renversés.

CHAPITRE XIII.

Résultat des Dispositions précédentes, relativement aux effets de la Responsabilité.

De la réunion de toutes les dispositions précédentes, il résulte que les Ministres seront souvent dénoncés, accusés quelquefois, condamnés rarement, punis presque jamais.

Ce résultat peut, à la première vue, paraître insuffisant aux hommes qui pensent que, pour les délits des Ministres, comme pour ceux des individus, un châtiment positif et sévère est d'une justice exacte et d'une nécessité absolue.

Je ne partage pas cette opinion.

La responsabilité me semble devoir atteindre surtout deux buts : celui d'enlever la puissance aux Ministres coupables; et celui d'entretenir dans la Nation, par la vigilance de ses Représentans, par la publicité de leurs débats, et par l'exercice de la liberté de la presse, appliqué à l'analyse de tous les actes ministériels, un esprit d'examen, un intérêt habituel au maintien de la constitution de l'État, une participation constante aux affaires, en un mot un sentiment animé de vie politique.

Il ne s'agit donc pas, dans ce qui tient à la responsabilité, comme dans les circonstances ordinaires, de pourvoir à ce que l'innocence ne soit jamais menacée, et à ce que le crime ne demeure jamais impuni. Dans les questions de cette nature, le crime et l'innocence sont rarement d'une évidence complète. Ce qu'il faut, c'est que la conduite des Ministres puisse être facilement soumise à une investigation scrupuleuse, et qu'en même temps beaucoup de ressources leur soient laissées pour échapper aux suites de cette investigation, si leur délit, fût-il prouvé, n'est pas tellement odieux qu'il ne mérite aucune grâce, non-seulement d'après les lois positives, mais aux yeux de la conscience et de l'équité universelle, plus indulgentes que les lois écrites.

Cette douceur dans l'application pratique de la responsabilité n'est qu'une conséquence nécessaire et juste du principe sur lequel toute sa théorie repose.

J'ai montré qu'elle n'est jamais exempte d'un certain dégré d'arbitraire : or l'arbitraire est dans toute circonstance un grave inconvénient.

S'il atteignait les simples citoyens, rien ne pourrait le légitimer. Le traité des citoyens avec la société est clair et formel. Ils ont promis de respecter ses lois, elle a promis de les leur faire connoître. S'ils restent fidèles à leurs engagemens, elle ne peut rien exiger de plus. Ils ont le droit de savoir clairement quelle sera la suite de leurs actions, dont chacune doit être prise à part et jugée d'après un texte précis.

Les Ministres ont fait avec la société un autre pacte. Ils ont accepté volontairement, dans l'espoir de la gloire, de la puissance ou de la fortune, des fonctions vastes et compliquées qui forment un tout compact et indivisible. Aucune de leurs actions ministérielles ne peut être prise isolément. Ils ont donc consenti à ce que leur conduite fût jugée dans son ensemble. Or c'est ce que ne peut faire aucune loi précise. De là le pouvoir discrétionnaire qui doit être exercé sur eux.

Mais il est de l'équité scrupuleuse, il est du devoir strict de la société, d'apporter à l'exercice de ce pouvoir tous les adoucissemens que la sûreté de l'État comporte. De là ce Tribunal particulier, composé de manière à ce que ses membres soient préservés de toutes les passions populaires. De là cette faculté donnée à ce Tribunal de ne prononcer que d'après sa conscience et de choisir ou de mitiger la peine. De là enfin ce recours à la clémence du Roi, recours assuré à tous ses sujets, mais plus favorable aux Ministres qu'à tout autre, d'après leur position et leurs relations personnelles.

Oui : les Ministres seront rarement punis. Mais si la constitution est libre et si la nation est énergique, qu'importe la punition d'un Ministre, lorsque, frappé d'un jugement solennel, il est rentré dans la classe vulgaire, plus impuissant que le dernier citoyen, puisque la désapprobation l'accompagne et le poursuit? La liberté n'en a pas moins été préservée de ses attaques, l'esprit public n'en a pas moins reçu l'ébranlement salutaire qui le ranime et le purifie, la morale sociale n'en a pas moins obtenu l'hommage éclatant du pouvoir traduit à sa barre et flétri par sa sentence.

M. Hastings n'a pas été puni : mais cet oppresseur de l'Inde a paru à genoux devant la Chambre des Pairs, et la voix de Fox, de Sheridan et de Burke, vengeresse de l'humanité longtemps foulée aux pieds, a réveillé dans l'âme du peuple Anglais les émotions de la générosité et les sentimens de la justice, et forcé le calcul mercantile à pallier son avidité et à suspendre ses violences.

Lord Melville n'a pas été puni, et je ne veux point contester son innocence. Mais l'exemple d'un homme vieilli dans la routine de la dextérité et dans l'habileté des spéculations, et dénoncé néanmoins malgré son adresse, accusé malgré ses nombreux appuis, a rappelé à ceux qui suivoient la même carrière, qu'il y a de l'utilité dans le désintéressement et de la sûreté dans la rectitude.

Lord North n'a pas même été accusé. Mais en le menaçant d'une accusation, ses antagonistes ont reproduit les principes de la liberté constitutionnelle et proclamé le droit de chaque fraction d'un Etat, à ne supporter que les charges qu'elle a consenties.

Enfin, plus anciennement encore, les Ministres qui avoient persécuté M. Wilkes, n'ont été punis que par des amendes; mais la poursuite et le jugement ont fortifié les garanties de la liberté individuelle, et consacré l'axiôme que la maison de chaque Anglais est son asyle et son château fort.

Tels sont les avantages de la responsabilité, et non pas quelques détentions et quelques supplices.

La mort ni même la captivité d'un homme n'ont jamais été nécessaires au salut d'un peuple; car le salut d'un peuple doit être en lui-même. Une nation qui craindroit la vie ou la liberté d'un Ministre dépouillé de sa puissance, seroit une nation misérable. Elle ressembleroit à ces esclaves qui tuoient leurs maîtres, de peur qu'ils ne reparussent le fouet à la main.

Si c'est pour l'exemple des Ministres à venir qu'on veut diriger la rigueur sur les Ministres déclarés coupables, je dirai que la douleur d'une accusation qui retentit dans l'Europe, la honte d'un jugement, la privation d'une place éminente, la solitude qui suit la disgrâce et que trouble le remords, sont pour l'ambition et pour l'orgueil des châtimens suffisamment sévères, des leçons suffisamment instructives.

Il faut observer que cette indulgence pour les Ministres, dans ce qui regarde la responsabilité, ne compromet en rien les droits et la sûreté des individus : car les délits qui attentent à ces droits et qui menacent cette sûreté, sont hors de la sphère de la responsabilité proprement dite. Un Ministre peut se tromper dans son jugement sur la légitimité ou sur l'utilité d'une guerre ; il peut se tromper sur la nécessité d'une cession, dans un traité ; il peut se tromper dans une opération de finance. Il faut donc que ses juges soient investis de la puissance discrétionnaire d'apprécier ses motifs, c'est-à-dire, de peser des probabilités toujours incertaines. Mais un Ministre ne peut pas se tromper quand il attente illégalement à la liberté d'un citoyen. Il sait qu'il commet un crime. Il le sait aussi-bien que tout individu qui se rendroit coupable de la même violence. Aussi l'indulgence qui est une justice dans l'examen des questions de responsabilité, doit disparaître quand il s'agit d'actes illégaux ou arbitraires. Alors les lois communes reprennent leur force, les tribunaux ordinaires doivent prononcer, les peines doivent être précises, et leur application littérale.

Sans doute, le Roi peut faire grâce de la peine. Il le peut dans ce cas comme dans tous les autres. Mais sa clémence envers le coupable ne prive point l'individu lésé de la réparation que les tribunaux lui ont accordée.

On voit maintenant combien une définition exacte de la responsabilité est utile. Elle nous met à même d'apporter dans les procédures, contre la conduite publique des Ministres, tous les adoucissemens que l'équité réclame, et laisse aux citoyens toutes leurs sauve-gardes contre ces Ministres, lorsqu'ils sortent des fonctions ministérielles, et se prévalent du pouvoir qu'ils ont pour usurper celui qu'ils n'ont pas.

CHAPITRE XIV.

Dernières réflexions sur la liberté individuelle.

J'AI terminé mes recherches sur la responsabilité. Je les livre à des hommes plus éclairés, pour qu'ils les perfectionnent, jusqu'à l'époque où nos Représentans seront appelés à s'en occuper. Mais je ne puis finir cet ouvrage, sans ajouter quelques réflexions sur la liberté individuelle, tant pour justifier l'importance que j'ai attachée à tout ce qui concerne cette liberté, que parce qu'un point de vue sous lequel je ne sache pas qu'on l'ait considérée jusqu'ici s'est offert à moi.

La faculté d'attenter à la liberté individuelle n'est autre chose, que la puissance d'imposer à un individu une contrainte quelconque, sans indiquer les motifs de cette contrainte, et sans être obligé de prouver qu'elle a été méritée et qu'elle est autorisée par la loi. Cette faculté peut s'étendre depuis l'interdiction d'habiter tel ou tel lieu jusqu'à la détention, et depuis la détention simple jusqu'à ces emprisonnemens dans des cachots mal sains, dans des souterrains obscurs, dont l'idée seule excite notre indignation et révolte notre sympathie.

Plusieurs ne voient dans cette faculté attribuée au Gouvernement, qu'une mesure de police, et comme apparemment ils espèrent en être toujours les distributeurs, sans en être jamais les objets, ils la trouvent très-bien calculée pour le repos public et pour le bon ordre. D'autres, plus ombrageux, n'y aperçoivent pourtant qu'une vexation particulière. Mais le péril est bien plus grand. J'ai développé, dans un écrit précédent, les dangers de l'arbitraire pour la religion, pour la morale, pour les progrès intellectuels, pour l'industrie, pour la dignité sociale, et pour le bonheur privé (1). En y réfléchissant encore, de nouvelles considérations m'ont frappé.

Donnez à un gouvernement la puissance d'attenter à la liberté individuelle, et vous anéantissez toutes les garanties qui sont la condition première et le but unique de la réunion des hommes sous l'empire des lois.

Vous voulez l'indépendance des Tribunaux, des Juges et des Jurés. Mais si les membres des Tribunaux, les Jurés et les Juges pouvoient être

---

(1) De l'Esprit de conquête et de l'usurpation, page 133-161, 4e. édition.

arrêtés arbitrairement, que deviendroit leur indépendance? Or, qu'arriveroit-il, si l'arbitraire étoit permis contre eux, non pour leur conduite publique, mais pour des causes secrètes? L'autorité sans doute ne leur dicteroit pas ses arrêts, lorsqu'ils seroient assis sur leurs bancs, dans l'enceinte inviolable en apparence où la loi les auroit placés. Elle n'oseroit pas même, s'ils obéissoient à leur conscience, en dépit de ses volontés, les arrêter ou les exiler, comme Jurés ou comme Juges. Mais elle les arrêteroit, elle les exileroit, comme des individus suspects. Tout au plus attendroit-elle que le jugement qui feroit leur crime à ses yeux fût oublié, pour assigner quelque autre motif à la rigueur exercée contre eux. Ce ne seroient donc pas quelques citoyens obscurs que vous auriez livrés à l'arbitraire de la police; ce seroient tous les Tribunaux, tous les Juges, tous les Jurés, tous les accusés, par conséquent, que vous mettriez à sa merci.

Dans un pays où l'autorité disposeroit sans jugement des arrestations et des exils, en vain sembleroit-on, pour l'intérêt des lumières, accorder quelque latitude ou quelque sécurité à la presse. Si un écrivain, tout en se conformant aux lois, heurtoit les opinions ou censuroit les actes de l'autorité, on ne l'arrêteroit pas, on ne l'exileroit pas comme écrivain, on l'arrêteroit, on l'exileroit, comme un individu dangereux, sans en assigner la cause.

A quoi bon prolonger par des exemples le développement d'une vérité si manifeste? Toutes les fonctions publiques, toutes les situations privées, seroient menacées également. L'importun créancier qui auroit pour débiteur un agent du pouvoir, le père intraitable qui lui refuseroit la main de sa fille, l'époux incommode qui défendroit contre lui la sagesse de sa femme, le concurrent dont le mérite, ou le surveillant dont la vigilance lui seroient des sujets d'alarme, ne se verroient point sans doute arrêtés ou exilés comme créanciers, comme pères, comme époux, comme surveillans ou comme rivaux. Mais l'autorité pouvant les arrêter, pouvant les exiler pour des raisons secrètes, où seroit la garantie qu'elle n'inventeroit pas ces raisons secrètes? Que risqueroit-elle? Il seroit admis qu'on ne peut lui en demander un compte légal; et quant à l'explication que par prudence elle croiroit peut-être devoir accorder à l'opinion, comme rien ne pourroit être approfondi ni vérifié, qui ne prévoit que la calomnie seroit suffisante pour motiver la persécution?

Rien n'est à l'abri de l'arbitraire, quand une

fois il est toléré. Aucune institution ne lui échappe. Il les annulle toutes dans leurs bases. Il trompe la société par des formes qu'il rend impuissantes. Toutes les promesses deviennent des parjures, toutes les garanties des pièges pour les malheureux qui s'y confient.

Qu'on ne dise pas que j'accumule des hypothèses sinistres. Je le reconnois avec joie, rien de pareil n'existe aujourd'hui. Ce que j'écrivois il y a quatre mois, je le répète. Notre restauration se distingue heureusement de la restauration d'Angleterre. Les intérêts y ont été plus respectés, les exagérations menaçantes réprimées plus habilement. Un esprit de modération préside aux conseils de notre Monarque. Ses vertus sont un objet de vénération, ses lumières une cause d'espérance, ses intentions un grand motif de sécurité. Mais c'est précisément sous des Princes éclairés et sages, que la liberté doit être entourée de tous ses moyens de défense. Eux seuls permettent les précautions salutaires, parce qu'ils n'ont rien à en redouter. Sophisme étrange! quand il n'y a pas tyrannie, quand on a le bonheur de vivre sous un Roi juste et doux, sous un Roi tel que le nôtre, on nous dit que toutes les précautions sont superflues. Mais si une fois la tyrannie vient, sous quelque autre règne, comment prendrez-

6

vous ces précautions? C'est lorsqu'elles sont superflues qu'elles sont possibles. Elles sont impossibles, lorsqu'elles sont nécessaires.

D'ailleurs, est-il bien vrai que la justice et la bonté du Monarque, la sagesse et la pureté de ses Ministres soient des préservatifs efficaces? Le Prince et ses Ministres n'ont-ils pas des agens nombreux, d'autant plus puissans que l'action immédiate leur est confiée, d'autant plus importans à surveiller qu'ils sont placés moins en évidence?

Lorsqu'on vante le despotisme, on croit toujours n'avoir de rapports qu'avec le dépositaire suprême de l'autorité. Mais on en a d'inévitables et de plus directs avec tous les agens secondaires. Quand vous permettez l'exil, l'emprisonnement, ou toute vexation qu'aucune loi n'autorise, qu'aucun jugement n'a précédée, ce n'est pas sous le pouvoir du Roi que vous placez les citoyens, ce n'est pas même sous le pouvoir des Ministres; c'est sous la verge de l'autorité la plus subalterne. Elle peut les atteindre par une mesure provisoire, et justifier cette mesure par un récit mensonger. Elle triomphe, pourvu qu'elle trompe, et la faculté de tromper lui est asssurée. Car, autant le Prince et les Ministres sont heureusement placés pour diriger les affaires générales, et pour favoriser l'accroissement de la prospérité de l'Etat, de sa dignité, de sa richesse et de sa puissance, autant l'étendue même de ces fonctions importantes leur rend impossible l'examen détaillé des intérêts des individus; intérêts minutieux et imperceptibles, quand on les compare à l'ensemble, et non moins sacrés toutefois, puisqu'ils comprennent la vie, la liberté, la sécurité de l'innocence. Le soin de ces intérêts doit donc être remis à ceux qui peuvent s'en occuper, aux Tribunaux, chargés exclusivement de la recherche des griefs, de la vérification des plaintes, de l'investigation des délits; aux Tribunaux, qui ont le loisir, comme ils ont le devoir, de tout approfondir, de tout peser dans une balance exacte; aux Tribunaux, dont telle est la mission spéciale, et qui seuls peuvent la remplir.

Je ne sépare point dans mes réflexions les exils d'avec les arrestations et les emprisonnemens arbitraires. Car c'est à tort que l'on considère l'exil comme une peine plus douce. Nous sommes trompés par les traditions de l'ancienne monarchie. L'exil de quelques hommes distingués nous fait illusion. Notre mémoire nous retrace M. de Choiseuil, environné des hommages d'amis généreux, et l'exil nous semble une pompe triomphale. Mais descendons dans des rangs plus obscurs, et transportons-nous à d'autres époques. Nous verrons dans ces rangs obscurs l'exil arrachant le père à ses enfans, l'époux à sa femme, le commerçant à ses entreprises, forçant les parens à interrompre l'éducation de leur famille, ou à la confier à des mains mercenaires, séparant les amis de leurs amis, troublant le vieillard dans ses habitudes, l'homme industrieux dans ses spéculations, le talent dans ses travaux. Nous verrons l'exil uni à la pauvreté; le dénûment poursuivant la victime sur une terre inconnue, les premiers besoins difficiles à satisfaire, les moindres jouissances impossibles. Nous verrons l'exil uni à la défaveur, entourant ceux qu'il frappe de soupçons et de défiances, les précipitant dans un atmosphère de proscription, les livrant tour à tour à la froideur du premier étranger, à l'insolence du dernier agent. Nous verrons l'exil, glaçant toutes les affections dans leur source, la fatigue enlevant à l'exilé l'ami qui le suivoit, l'oubli lui disputant les autres amis dont le souvenir représentoit à ses yeux sa patrie absente, l'égoïsme adoptant les accusations pour apologies de l'indifférence, et le proscrit délaissé s'efforçant en vain de retenir, au fond de son âme solitaire, quelque imparfait vestige de sa vie passée. Et le pouvoir d'infliger un tel supplice, sans examen judiciaire, sans preuves publiques, sans jugement légal, seroit confié à l'autorité, c'est-à-dire aux agens innombrables assez adroits pour surprendre ses arrêts : et l'on assimileroit le droit d'exil à celui de grâce, l'affreux privilége de faire le mal, à l'auguste prérogative de faire le bien! Parce que le Roi peut être le sauveur d'un criminel excusable, on en feroit le fléau de l'innocent! Le visage du Roi, dit un publiciste anglais, doit porter dans l'âme de tous ses sujets la sécurité et la joie : et ce seroit au nom du Roi qu'on lanceroit sur les citoyens des rigueurs illégales et par conséquent injustes! Toutes les constitutions de la terre, écrites ou non écrites, ont voulu que le Monarque fut plus clément que la loi, pour faire d'autant plus chérir sa puissance : et l'on rendroit cette puissance un instrument de désolation, d'arbitraire et de terreur (1)!

---

(1) Je suis loin d'inculper les intentions de plusieurs de ceux qui pensent qu'on pourroit sans danger attribuer au Gouvernement une action plus ou moins arbitraire sur la liberté individuelle. Je connois parmi eux des hommes que j'aime, que j'estime, et qui réunissent à beaucoup de lumières un caractère très-noble.

Que nous importe que de petites républiques de la Grèce, dans leur envieuse démocratie, aient consacré l'ostracisme, cette grande iniquité populaire? Les exemples de l'antiquité, si différente de nos temps modernes, peuvent-ils aujourd'hui motiver des proscriptions, et compilerons-nous, comme sous Buonaparte, les injustices de tous les siècles, pour les fondre ensemble et les imiter (1)?

Mais leur opinion sur ce point me paroît fausse. Je ne suis point rassuré par les palliatifs qu'ils proposent; et l'assentiment que leur système rencontre dans un parti qui ne veut ni constitution ni liberté, doit, j'ose l'affirmer, leur être plus pénible que la réfutation que je me suis permise contre eux.

(1) En combattant ici l'idée de rétablir sous un autre nom les lettres de cachet, qui, après avoir fait le malheur des individus, ont causé la perte de la monarchie, je me trouve d'accord avec nos lois les plus positives et les plus formelles. D'après le texte clair et précis des articles 11, 44, 47, 48, 49 et 50 du Code pénal, nulle autorité n'a le droit d'exiler un citoyen, ou de l'éloigner de son domicile. Je rapporte ces articles en entier pour que l'évidence de mon assertion résulte de leur ensemble. Art. 11. « Le renvoi sous la surveillance spéciale de » la haute police, l'amende, etc., sont des *peines* com- » munes aux matières criminelles et correctionelles. » Art. 44. « L'effet du renvoi sous la surveillance de la

L'opinion suffit, dites-vous, pour contenir dans des bornes équitables les agens de l'autorité. Mais quels sont les moyens de l'opinion dans un Etat où l'arbitraire est admis? Il l'atteint dans tous ses organes, depuis les interprètes qu'elle choisit elle-même, jusqu'aux Représen-

---

» haute police de l'Etat sera de donner au Gouvernement, ainsi qu'à la partie intéressée, le droit d'exiger, » soit de l'individu placé dans cet état, *après qu'il aura* » *subi sa peine*, soit de ses père et mère, tuteur ou curateur, s'il est en âge de minorité, une caution solvable de bonne conduite, jusqu'à la somme qui sera » fixée par l'arrêt ou le jugement : *Toute personne* » *pourra être admise à fournir cette caution. Faute de* » *fournir ce cautionnement*, le condamné demeure à la » disposition du Gouvernement, qui a le droit d'ordonner, » soit l'éloignement de l'individu d'un certain lieu, soit » sa résidence continue dans un lieu déterminé de l'un » des départemens de l'empire. » Art. 47. « Les coupables *condamnés* aux travaux forcés à temps et à la » réclusion, seront de plein droit, *après qu'ils auront* » *subi leur peine*, et pendant toute la vie, sous la surveillance de la haute police de l'Etat. » Art. 48. « Les » coupables *condamnés* au bannissement seront, de » plein droit, sous la même surveillance, pendant un » temps égal à la durée de la *peine* qu'ils auront subie. » Art. 49. « Devront être renvoyés sous la même surveillance, ceux qui auront été *condamnés* pour crimes ou » délits qui intéressent la sûreté intérieure ou extérieure

tans que la loi lui donne. Vous nous entraînez donc, ou sciemment ou par ignorance, dans un cercle vicieux. C'est par l'opinion que vous prétendez contenir l'arbitraire, et l'infaillible résultat de l'arbitraire est d'étouffer l'opinion.

Cependant, j'en conviens, elle subsiste, cette

» de l'Etat. » Art. 50. « *Hors les cas déterminés par les* » *articles précédens*, les *condamnés* ne seront placés » sous la surveillance de la haute police de l'Etat, que » *dans les cas* où une disposition particulière *de la loi* » l'aura permis. »

On voit donc, 1°. que la faculté attribuée au Gouvernement d'ordonner, soit l'éloignement d'un individu de tel ou tel lieu, soit sa résidence dans un lieu déterminé, n'est jamais que l'effet du renvoi sous la surveillance de la haute police; 2°. que ce renvoi lui-même ne donne cette faculté au Gouvernement, que faute d'une caution que l'individu est toujours admis à fournir, et par conséquent que le Gouvernement ne peut refuser; 3°. que ce renvoi n'est jamais que la suite d'une *peine prononcée par un jugement légal*; 4°. qu'il n'est jamais prononcé que contre des *condamnés*; 5°. que *hors des cas déterminés* par ce chapitre du Code, nul ne peut être placé sous la surveillance de la haute police, ni par conséquent soumis à ce que le Gouvernement lui ordonne de s'éloigner de tel lieu, ou de résider dans tel autre, que *dans le cas où une disposition particulière de la loi* l'auroit permis. Loin qu'il y ait une exception pour les délits qui intéressent la sûreté de l'Etat, les personnes accusées

opinion, lors même qu'elle paroît étouffée : elle n'est que refoulée dans les cœurs. Elle y fermente, elle y devient séditieuse; et si les excès continuent, elle se transforme en conspirations, ou elle éclate en révolte.

Sont-ce là les remèdes que vous proposez, vous qui parlez sans cesse de prévenir, vous qui voulez gêner la liberté de tous les innocens, de peur qu'ils ne deviennent coupables?

---

de ces délits ne peuvent, non plus que les autres, être mises sous la surveillance de la haute police, qu'après avoir été jugées, puisqu'il est dit que cette surveillance les atteindra, après qu'elles auront été condamnées.

Ainsi donc, toutes les fois que Buonaparte s'arrogeoit, comme il le faisoit sans cesse, le droit d'éloigner un individu de la résidence de son choix, ou de lui en désigner une contre son choix, si cet individu, 1°. n'avoit pas été condamné à une peine qui impliquât, d'après la disposition formelle de la loi, le renvoi sous la surveillance de la haute police, et, 2°. s'il n'avoit pas refusé ou ne s'étoit pas trouvé hors d'état de fournir une caution solvable de bonne conduite, Buonaparte fouloit aux pieds les lois qu'il avoit dictées. Même sous Buonaparte, aucun Ministre n'avoit le droit de prononcer un ordre d'exil, aucun fonctionnaire civil ni militaire n'avoit le droit de faire exécuter un tel ordre, aucun citoyen n'étoit tenu d'y obéir, et toutes les lois relatives à cet objet sont encore dans toute leur force.

Quelques propos d'un mécontent, sans considération, sans autorité, la rencontre de deux ou trois citoyens qui mettent en commun de vains murmures, ou si l'on veut, de chimériques projets, vous semblent appeler non-seulement l'action des lois, qui seroit toujours suffisante et légitime, mais leur suspension, qui est toujours illégitime et inefficace: et les erreurs de l'autorité, répartie entre deux cent mille agens, le mal que ces erreurs causent, les calamités qu'elles peuvent entraîner en blessant les intérêts et en provoquant les résistances, ne vous paroissent pas d'une assez grande importance pour vous mettre en garde contre ses excès! Quelle bizarre prévoyance que celle qui ne pense à réprimer que les foibles et qui lâche la bride aux forts!

On diroit que la réunion de deux fléaux vous rassure. Vous vous résignez à l'arbitraire, parce que l'opinion mécontente le combat. Je crains à la fois et l'arbitraire et le mécontentement. Je redoute l'un pour les citoyens, l'autre pour l'autorité, et c'est parce que je veux, plus que personne, cette autorité tutélaire; c'est parce que je serois, plus que personne, disposé à défendre cette autorité, sous laquelle, après vingt ans de troubles et douze ans de tyrannie, nous avons retrouvé le droit de penser, de parler et d'agir en hommes libres; c'est parce qu'elle m'est chère et sacrée, cette autorité, qui nous a rendu, pour ainsi dire, jusqu'aux jouissances de la vie physique, le calme du sommeil, la paix de nos foyers, la disposition de nos biens, les secours de nos enfans, la sûreté de nos personnes, et de plus, l'exercice indépendant de nos facultés les plus nobles; c'est pour cela, dis-je, que je voudrois la préserver d'une déplorable alliance avec l'arbitraire.

Je vois que l'arbitraire a été funeste à tous les Gouvernemens qui l'ont employé. Je vois que la haine de l'arbitraire, même quand il n'étoit plus exercé, a causé la révolution. Je vois que le Directoire s'est perdu, en suspendant les lois, en violant les formes, en exilant, en déportant, en arrêtant les citoyens, suivant les caprices des soupçons, ou les sugestions de la défiance. Je vois que cet homme gigantesque, qui a fait trembler le monde, est tombé de son trône, non par les efforts d'une coalition qu'avoit cent fois vaincue, et qu'auroit facilement repoussée une nation généreuse, mais parce qu'il s'étoit séparé de cette nation, en la gouvernant sans règle fixe, sans lois, sans frein, semant la terreur, ordonnant le silence, annullant les jugemens, proscrivant les juges, remplissant de captifs les cachots et d'exilés les provinces.

La nature du Gouvernement actuel, l'époque à laquelle il se relève, les circonstances qui l'environnent, le placent dans la situation la plus propre à le préserver de cet écueil de tous les Gouvernemens. Il réunit aux lumières de nos temps l'autorité des siècles, et la sanction de la légitimité. Nous sommes fatigués de nos essais inutiles. Nous sommes éclairés par notre longue et douloureuse expérience. L'anarchie nous a décimés ; le despotisme nous a flétris. Couverts encore des cicatrices de nos blessures et des vestiges de nos fers, nous ne voulons ni nous replonger dans l'anarchie ni nous courber sous la servitude. La loi seule peut nous donner du bonheur : la liberté seule peut nous donner du repos. Tout ce qui n'est pas libre et légal nous rappelle à la fois, et les factieux qui nous égorgèrent et le tyran qui nous opprima.

En vain prétendroit-on représenter ces principes comme une opposition malveillante contre une autorité légitime. La haine de l'arbitraire n'est l'opposition à aucun Gouvernement, car l'arbitraire lui-même n'est qu'une absence de Gouvernement. Tout pouvoir arbitraire est une anarchie.

Singulier reproche d'opposition permanente que les hommes qui ont servi toutes les tyrannies nous adressent, parce que nous n'avons voulu en servir aucune!

Oui, lorsque l'arbitraire dominoit au nom de la République, quelques hommes se montrèrent en opposition. Lorsqu'héritier de cette République détruite, un usurpateur substitua ses volontés insolentes à celles des factions vaincues, l'opposition de ce petit nombre continua. Elle redoubla, lorsque cet usurpateur posa sur sa tête une couronne sanglante que ne lui déféroient ni le vœu de la nation, ni l'assentiment tacite, transmis d'âge en âge par des générations heureuses de vivre sous une dynastie révérée.

Maintenant les mêmes hommes reproduisent encore les principes qu'ils ont toujours professés; mais ils ne sont plus en opposition : car ces principes proclamés par le Monarque servent de base à la constitution qui nous régit.

Et sur quoi, je le demande, se fonderoit aujourd'hui cette opposition prétendue? Que pourroient vouloir les amis de la liberté, pour se placer en opposition?

La République? Mais la Charte observée nous assure les avantages d'une République, l'égalité des droits, les garanties contre le pouvoir, la libre manifestation de nos opinions, une part légitime à l'administration de nos intérêts, et toutes les espérances que peut exiger une raisonnable et noble ambition.

Seroit-ce Buonaparte que regretteroient les défenseurs de ces vérités ineffacables, dont l'empreinte est gravée sur notre siècle, et contre lesquelles on évoque vainement d'impuissans prestiges et des souvenirs effacés? Mais Buonaparte étoit l'ennemi le plus acharné, le plus implacable de ces vérités. Il s'étoit emparé de la philosophie comme de la civilisation pour les retourner contre elles-mêmes. L'ironie, qui, dans Voltaire, n'étoit que le déréglement d'un esprit mobile, l'égoïsme qui n'étoit dans Helvétius qu'un jeu de mots systématique dont il ignoroit le danger, étoient devenus pour Buonaparte des moyens pratiques de tout rabaisser, de tout flétrir, de tuer dans le cœur de l'homme tout enthousiasme, tout dévouement, toute puissance d'estime, toute faculté de sympathie, toute distinction entre le bien et le mal, entre le juste et l'injuste, en un mot, tout ce qui peut établir et tout ce qui peut conserver la liberté; chaque jour, sous son empire, l'esprit se sentoit plus découragé de tout effort, l'âme plus dépeuplée de toute vertu, et la vie morale s'éteignoit, pour être remplacée par un grossier mécanisme, dont tous les ressorts, privés de spontanéité et d'indépendance, réagissoient l'un sur l'autre, et transformoient l'espèce humaine entière en une machine immense, instrument aveugle d'un seul être en dehors de cette espèce.

Certes, un pareil système ne peut exciter les regrets des hommes qui réfléchissent. Si au milieu du bonheur incontestable de la délivrance, leurs voix s'élèvent quelquefois contre certains projets, présumés à tort sans doute, contre certaines mesures partielles, c'est qu'ils redoutent ce qui pourroit troubler ce bonheur nouveau dont ils n'ont pas encore l'habitude. La liberté dont ils profitent n'est point un acte d'hostilité, mais une preuve d'espoir et un témoignage de confiance.

Que si, dans l'entraînement du zèle, ou dans l'ardeur de la vigilance, ils laissent échapper des expressions amères, ou manifestent des alarmes excessives, j'oserai dire à ceux qui s'en effraient : Ne prenez point pour de nouvelles tempêtes l'agitation des flots après l'orage apaisé. Considérez que la liberté nous est chose toute neuve. Pendant long-temps, rien n'a été simple, rien ne s'est fait sans péril. A travers le tumulte des factions, il a fallu forcer sa voix pour se faire entendre. Sous la tyrannie, la réclamation la plus légitime est devenue un prodige de courage, et pour s'élever jusqu'à ce prodige, il falloit un effort qui étoit destructif de toute mesure. Où donc auroit-on pris des leçons de modération, de sagesse et de calme? C'est aujourd'hui que ces habitudes peuvent naître, aujourd'hui que le courage est sans danger, et par-là même l'imprudence et l'exagération sans mérite.

Mais en même temps, je m'adresserai aussi aux hommes dont je justifie les intentions. A quoi bon, leur dirai-je, ces formes âpres et blessantes qui travestissent le zèle en attaque, et la surveillance en inimitié? Sans doute, à la moindre approche de l'arbitraire, tous les Français doivent le repousser. Si les droits d'un seul sont violés, tous lui doivent leur intérêt, et leurs réclamations intrépides. Mais après de longs troubles, il y a des phrases décréditées, qui ne sauroient qu'aigrir les esprits et séparer la Nation de ceux qui les répètent. Si la prévoyance peut concevoir encore quelques inquiétudes, la malveillance elle-même ne peut alléguer aucun grief sans remède, aucune injustice irréparable. Le jugement d'aucun tribunal n'a été annullé, la conscience d'aucun juge n'a été forcée. Aucune forme constitutionnelle, aucune garantie judiciaire n'a depuis six mois été enfreinte. L'exécution même des lois défectueuses a été empreinte de modération. Je me suis élevé plus qu'un autre contre les entraves dont on a voulu entourer la presse, et je n'ai pas changé d'opinion. Mais si la loi même a été fautive, qui peut nier que l'application n'en ait été libérale et presque insensible? Qui peut douter que dans quelques mois la pensée ne soit affranchie de ces restrictions inutiles, qui n'offrent point à une autorité paternelle les mêmes ressources qu'à la tyrannie, et qui lui enlèvent les avantages qu'elle tireroit de la liberté?

Pour être forts contre ce qui est mal, soyez justes envers ce qui est bien. Reconnoissez qu'à aucune époque, sous aucun règne, sous aucune forme de gouvernement, la France n'a été aussi libre qu'aujourd'hui. Ne repoussez pas des hommes qui se rallient à la constitution que vous défendez comme eux. Ne fixez pas des regards ombrageux sur leur point de départ : voyez la route qu'ils suivent et le terme vers lequel ils marchent. Qu'importent des regrets sur le passé, quand il y a conviction de la nécessité du présent? Gardez-vous surtout de prêter des intentions douteuses aux talens supérieurs et aux caractères honorables. Le talent, le génie, l'élévation de l'âme, sont des alliés inséparables et indispensables de la liberté; et j'ajouterai que l'amour de la liberté se trouve toujours, sous une forme quelconque, partout où ils existent. L'injustice porte sa peine avec elle. Quand vous auriez persuadé à l'Europe que l'écrivain qui peignit avec tant d'éloquence les fureurs sauvages de Genseric, et le silence effrayant de Constantinople, est pourtant un ami du despotisme, et qu'il ne rend à la constitution qu'un hommage forcé, vous auriez remporté, certes, une bien déplorable victoire. Vous auriez appauvri nos rangs, et doté nos ennemis d'un superbe héritage.

Une double vérité doit pénétrer tous les esprits, et diriger toutes les conduites. Je parle ici de tous les Royaumes européens, comme de la France : les amis de la Royauté doivent se convaincre que sans une liberté constitutionnelle, il n'y aura point de Monarchie stable ; et les amis de la liberté doivent reconnoître que sans une Monarchie constitutionnelle, il n'y aura point de liberté assurée.

TABLE

DES CHAPITRES.

www.ingramcontent.com/pod-product-compliance
Ingram Content Group UK Ltd.
Pitfield, Milton Keynes, MK11 3LW, UK
UKHW031925260826
14628UKWH00003B/1416

9 782019 698720